もくじ

東京書籍版 こくご 1ねん 準拠

きょうかしょの　ないよう　　ページ

きょうかしょ 下

きほん 1

よろしくね　たのしく　かこう

きょうかしょ㊤8〜11ページ

がつ　にち

10ぷん

／100てん

1 □に　じぶんの　なまえを　かきましょう。〔40てん〕

〈れい〉ぶんりたろう

2 「ぼく」か　「わたし」に　○を　つけて、（　）に　じぶんの　なまえを　かきましょう。ひとつ30〔60てん〕

{ぼく／わたし}の　なまえは、

（　　　　　）です。

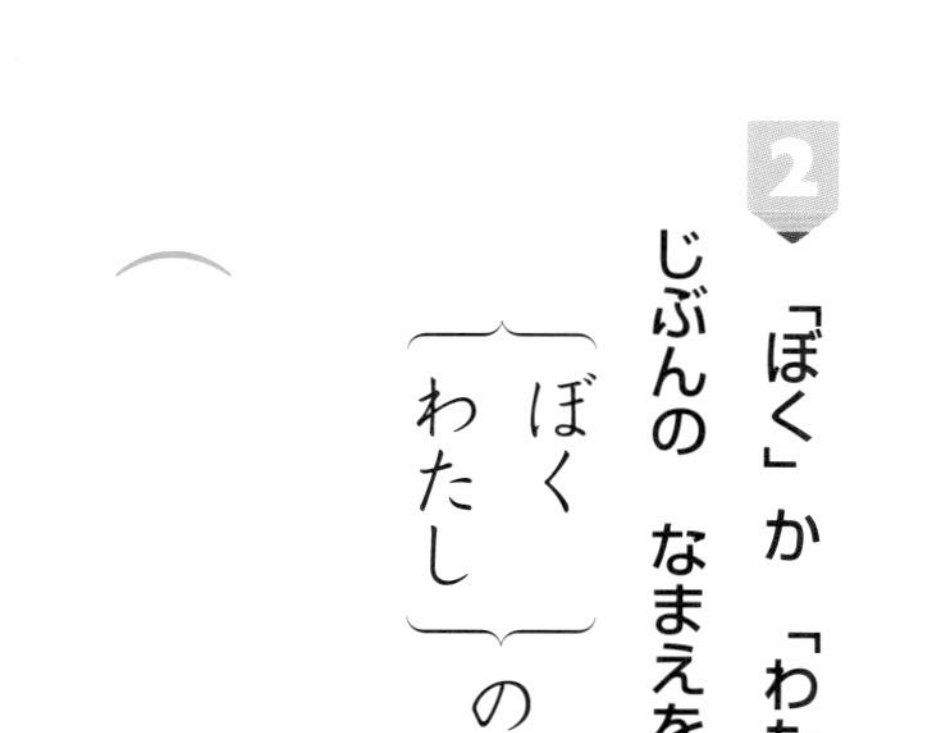

こたえは65ページ

きょうかしょ㊤8〜11ページ

よろしくね たのしく かこう

がつ　にち

／100てん

うすい　せんを　●から　◆に　むかって　なぞり、せんの　れんしゅうを　しましょう。〔100てん〕

えんぴつの　もちかた

こたえは65ページ

なんて いうのかな もじを かこう

きょうかしょ㊤12～17ページ

がつ　にち

10ぷん　／100てん

1 えと あう ことばを ——で むすびましょう。

ひとつ20〔100てん〕

(1)

(2)

(3)

(4)

(5)
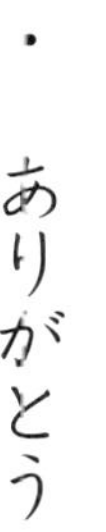

・　・　いただきます

・　・　おはよう

・　・　ごめんなさい

・　・　さようなら

・　・　ありがとう

こたえは65ページ

なんて いうのかな もじを かこう

きょうかしょ㊤12～17ページ

がつ　にち

10ぷん　／100てん

1 うすい じを なぞって かきましょう。　ひとつ20〔80てん〕

(1) くい

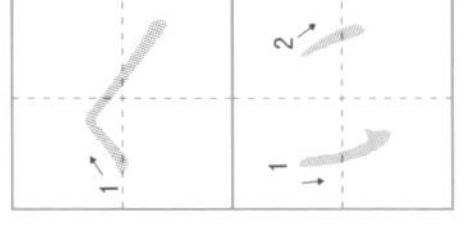

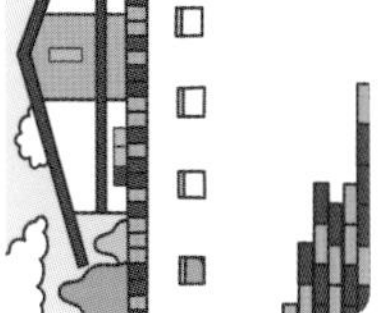

(2) こい

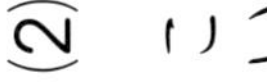

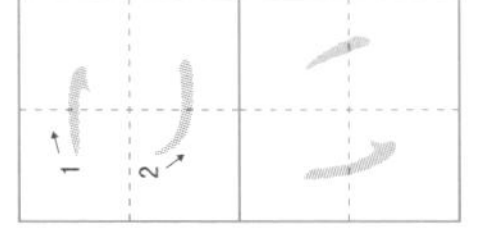

(3) つくし

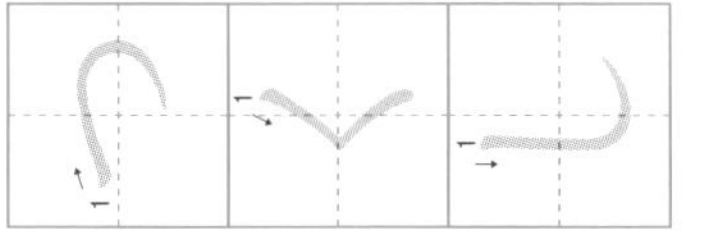

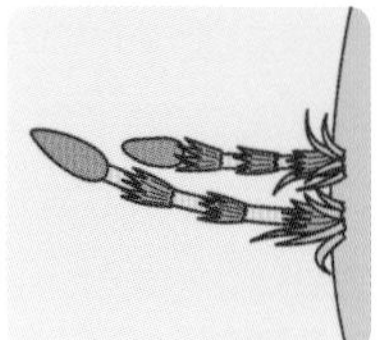

(4) とり

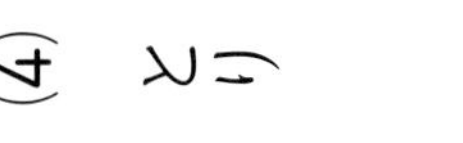

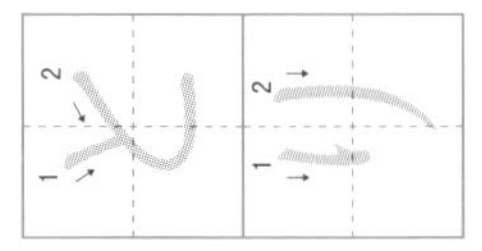

2 □に うえと おなじ じを かきましょう。　ひとつ10〔20てん〕

くつ

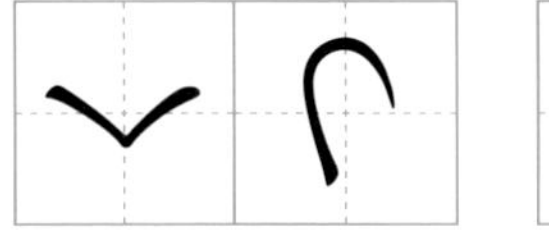

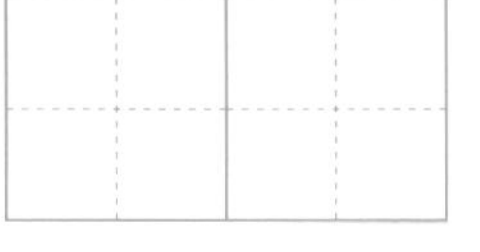

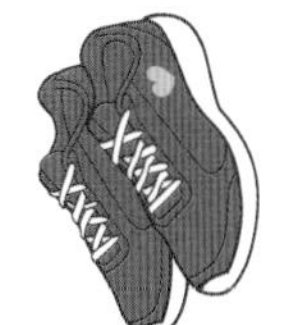

こたえは65ページ

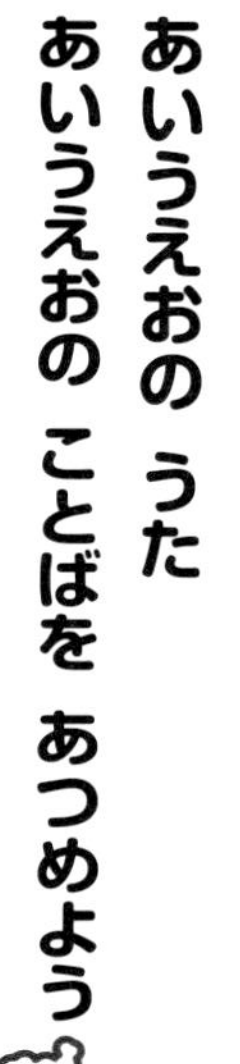

きょうかしょ㊤18～21ページ　　がつ　　にち

10ぷん　／100てん

あいうえおの うた
あいうえおの ことばを あつめよう

1 ○の じで はじまる ものを ──で むすびましょう。

ひとつ20〔100てん〕

(1) あ ・　・

(2) い ・　・

(3) う ・　・

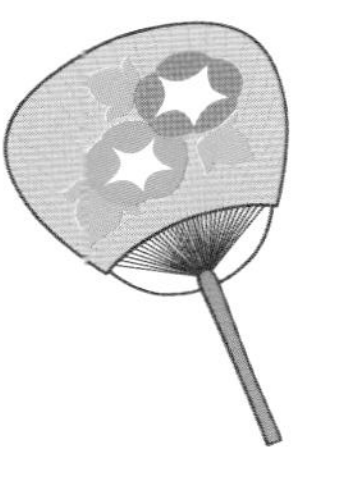

(4) え ・　・

(5) お ・　・

こたえは65ページ

かくにん 3

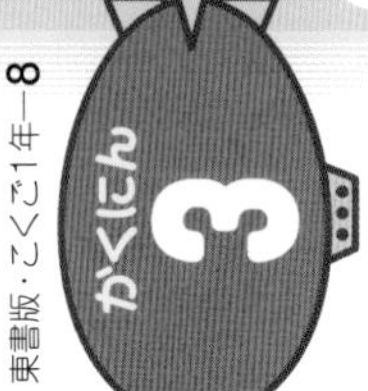

きょうかしょ㊤18～21ページ

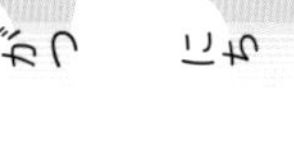

あいうえおの うた
あいうえおの ことばを あつめよう

がつ　にち

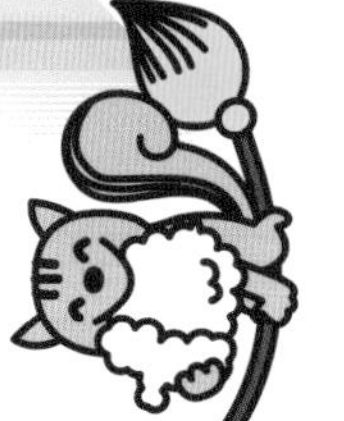

10ぷん　／100てん

1 つぎの ひらがなを ばんごうの じゅんに なぞりましょう。

ひとつ10〔40てん〕

(1)
あり

(2)
うま

(3)
えき

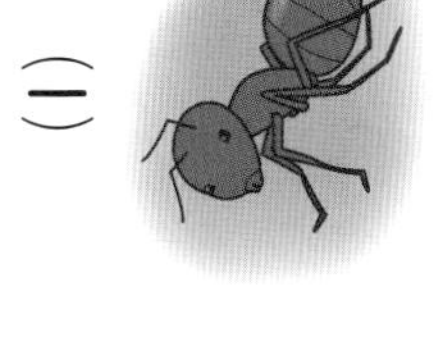

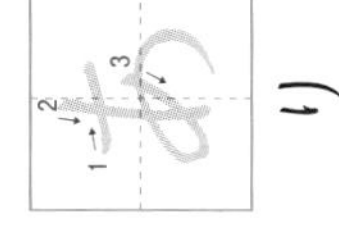

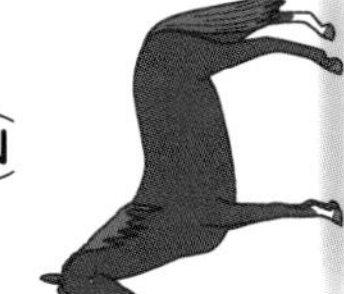

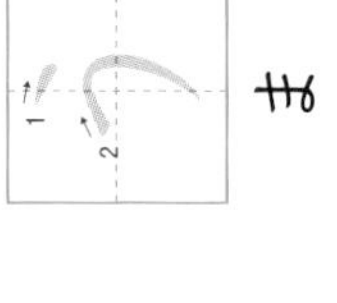

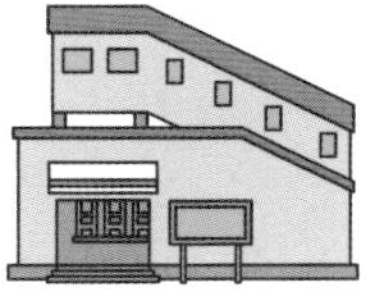

(4)
おに

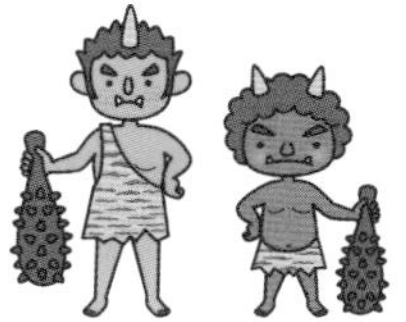

2 えを みて、□に あてはまる ひらがなを かきましょう。

ひとつ15〔60てん〕

(1)
□し

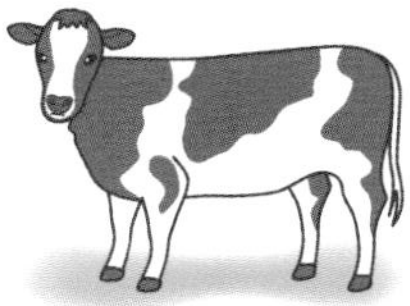

(2)
□ちば

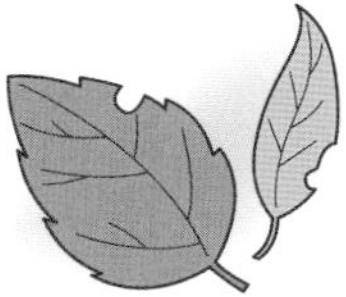

(3)
□し

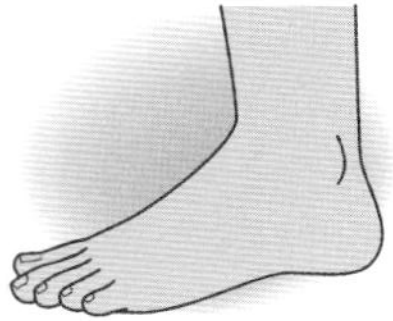

(4)
い□

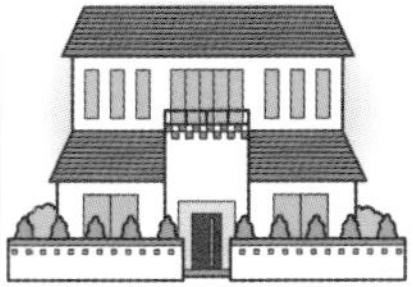

こたえは65ページ

きょうかしょ㊤24～31ページ

あめですよ ふたと ぶた

がつ　にち

／100てん

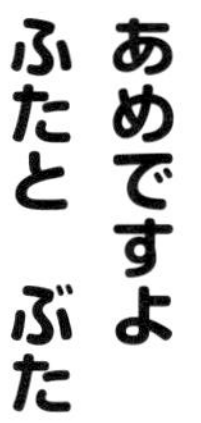

1 えと　あう　ことばを　——で　むすびましょう。

ひとつ7〔28てん〕

(1)

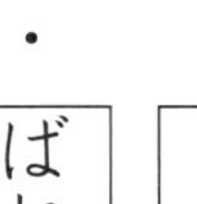
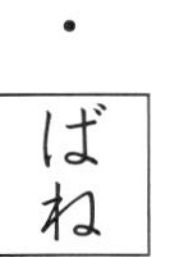

(2)

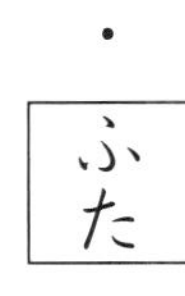
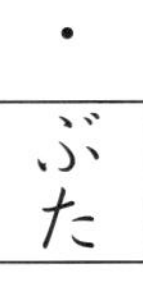

(3)

(4)

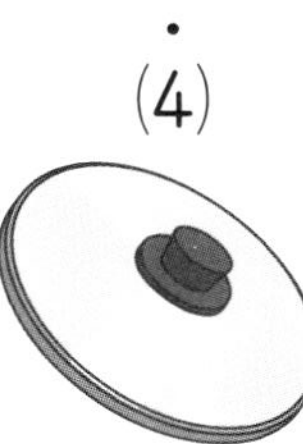

はね　ばね　ふた　ぶた

2 つぎの　ひらがなを　ばんごうの　じゅんに　なぞりましょう。

ひとつ8〔72てん〕

(1) め
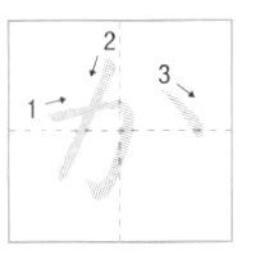

(2) さ

(3) か
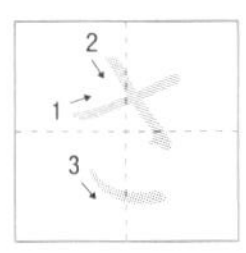

(4) な
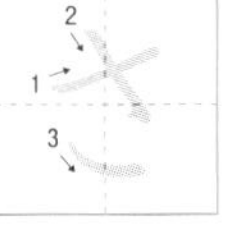

(5) ぴ

(6) ん
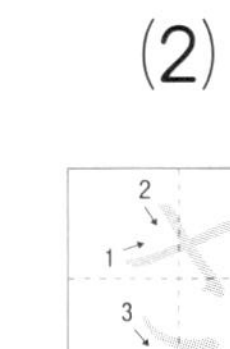

(7) き

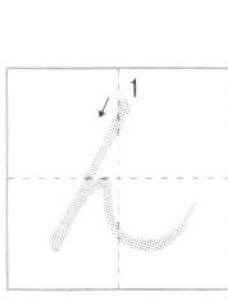

(8) は

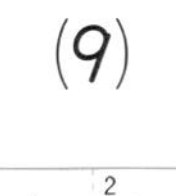
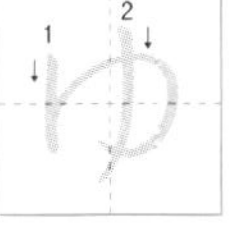

(9) ゆ
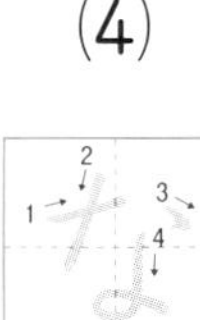

こたえは65ページ

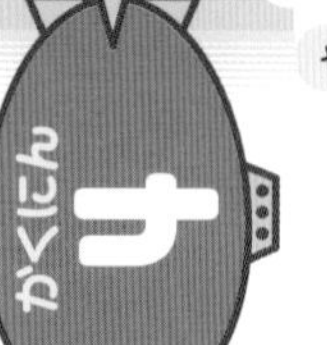

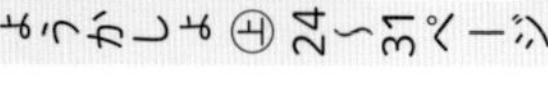
きょうかしょ㊤24〜31ページ

あめですよ
ふたと ぶた

がつ　にち

10ぷん

／100てん

1 「あめ」の えに ◯を つけましょう。 〔15てん〕

あ（　　）

い（　　）

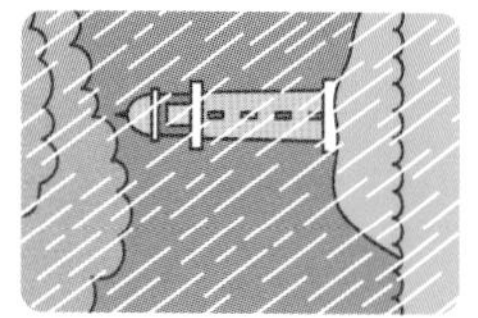

2 つぎの ひらがなを ばんごうの じゅんに なぞりましょう。 ひとつ10〔40てん〕

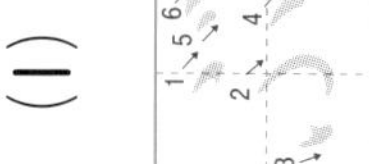

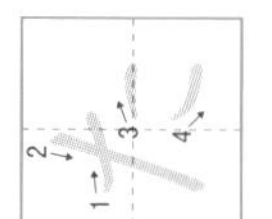

(1) ぶ　(2) ね　(3) た　(4) わ

3 えを みて、□に あてはまる ひらがなを ⬚から えらんで かきましょう。 ひとつ15〔45てん〕

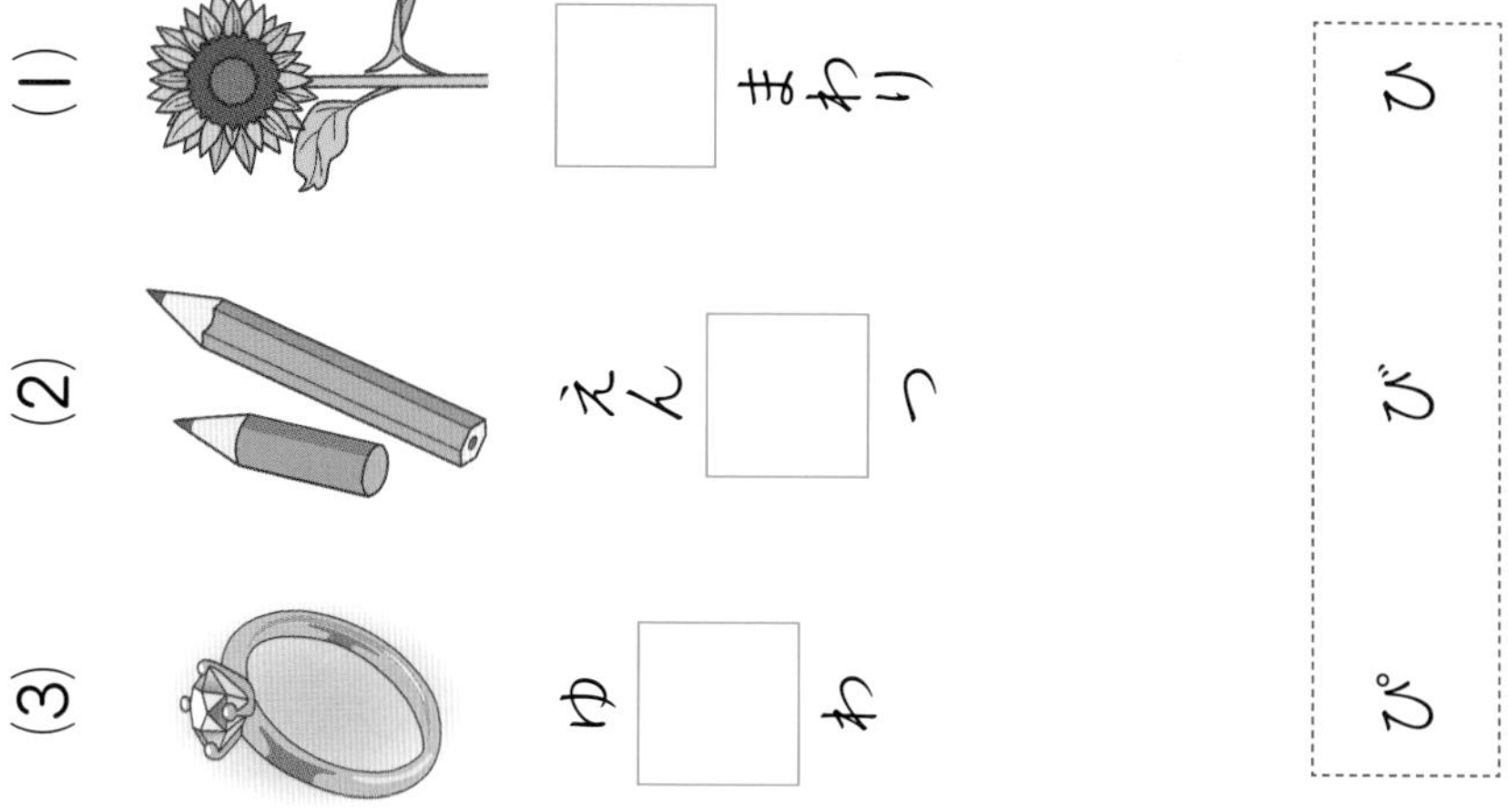

(1) □まわり

(2) えん□つ

(3) ゆ□わ

ひ　び　ぴ

こたえは65ページ

みんなに　はなそう　ぶんを　つくろう

きょうかしょ㊤32〜37ページ

がつ　にち

10ぷん

／100てん

1 うすい　じを　なぞりましょう。　ひとつ20〔40てん〕

(1)

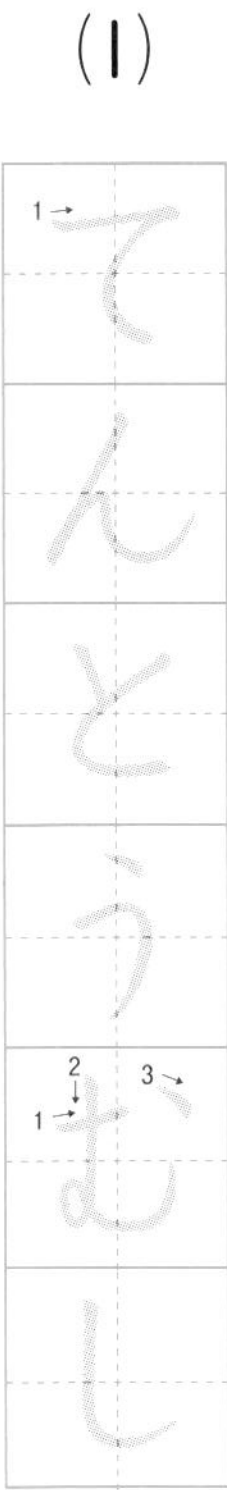

(2)

さかなが

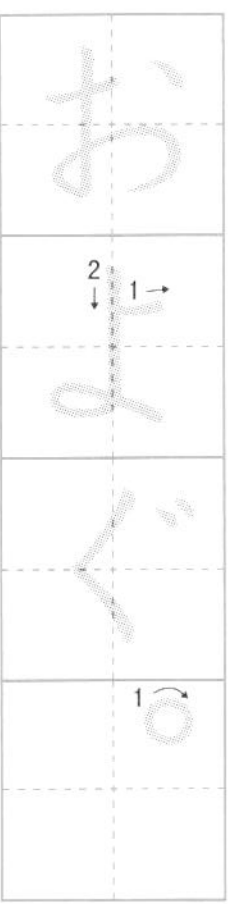

2 えと　あう　ぶんに　なるように　——で　むすびましょう。　ひとつ20〔60てん〕

(1)

かえるが　・　　・すわる。　・はねる。

(2) とりが　・　　・とぶ。　・およぐ。

(3) はなが　・　　・あるく。　・さく。

こたえは66ページ

かくにん 5

みんなに　はなそう
ぶんを　つくろう

きょうかしょ㊤32～37ページ

がつ　にち

10ぷん　／100てん

1 えと　あう　ことばを　それぞれ　ふたつの［　］から　えらんで、□に　かきましょう。　ひとつ15〔90てん〕

(1)

□□が　□る□。

(2)

□□が　□□。

(3)

□□が　□□□。

［とり　こい　ねこ　ぶた］

［なく　とぶ　およぐ　あるく］

2 えを　みて、□に　あてはまる　ひらがなを　かきましょう。　〔10てん〕

□□□□□□を　みつけました。

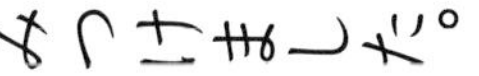

こたえは66ページ

きほん 6 とん こと とん ㊕を つかおう

きょうかしょ㊤38～45ページ

がつ　にち

10ぷん　／100てん

1 えを みて、□に あてはまる ひらがなを かきましょう。

ひとつ10〔20てん〕

(1)  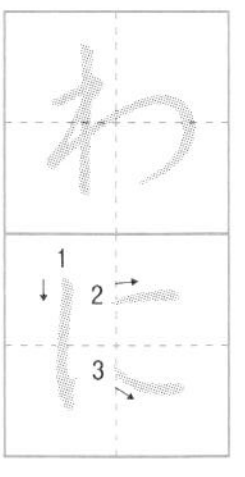

(2) 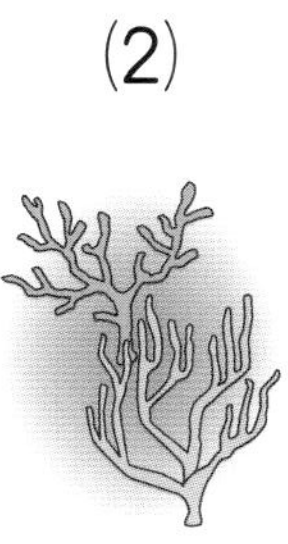 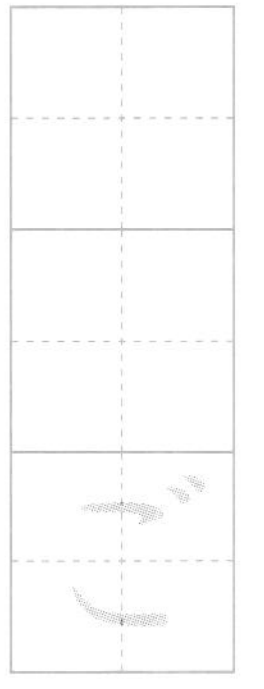

2 ただしい ほうの ひらがなに ○を つけましょう。

ひとつ20〔80てん〕

(1) あに｛（ ）は／（ ）わ｝、とびらを たたきました。

(2) ぼく｛（ ）は／（ ）わ｝、さんぽに いきました。

(3) わたしは、｛（ ）は／（ ）わ｝なげを しました。

(4) あねは、｛（ ）に／（ ）わ｝を みがきました。

こたえは66ページ

かくにん 6

とん こと とん
㊤を つかおう

きょうかしょ㊤38～45ページ

がつ　にち

／100てん　10ぷん

1 えを みて、□に あてはまる ひらがなを かきましょう。うすい じは なぞりましょう。 ひとつ10〔40てん〕

(1) □□は □ろ□。

(2) □□は ちいさい。

(3) □□は かるい。

2 □に あう ものを (は・わ)から えらんで かきましょう。 ひとつ10〔60てん〕

(1) □たし□、ろくさいです。

(2) ぼく□、な□とびが すきです。

(3) あに□、でん□を かけます。

こたえは66ページ

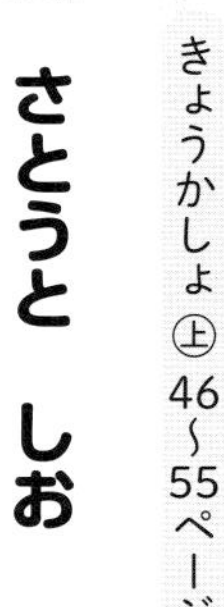

きほん 7

さとうと しお　をへを つかおう

きょうかしょ㊤46～55ページ

がつ　にち

／100てん　10ぷん

1 えを みて、□に あてはまる ひらがなを かきましょう。

ひとつ10〔40てん〕

(1)

そらの ほ□。

(2)

はな を　み る。

(3)

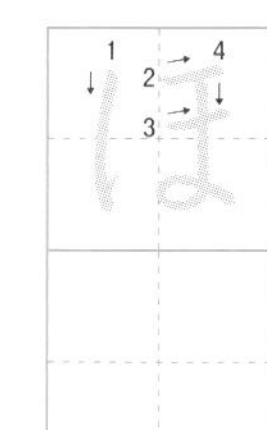

や ま の りす。

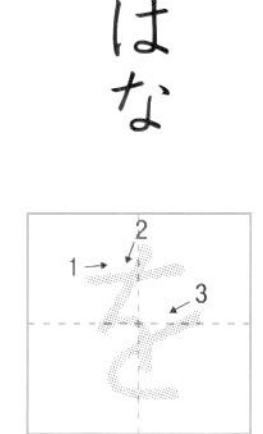

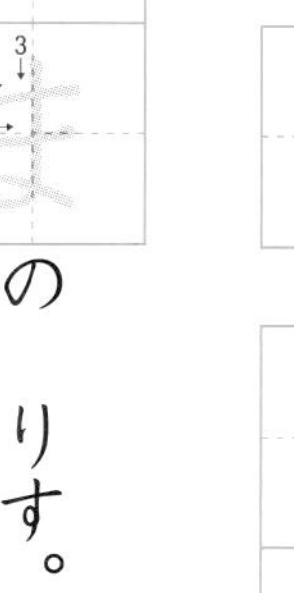

2 ただしい ほうの ひらがなに ○を つけましょう。

ひとつ10〔60てん〕

(1) { ( )え ( )へ } いがかん { ( )え ( )へ } いきました。

(2) { ( )を ( )お } りがみ { ( )を ( )お } かいました。

(3) う { ( )え ( )へ } { ( )え ( )へ } のぼりました。

こたえは66ページ

かくにん 7 さとうと しお ㋾㋬を つかおう

きょうかしょ㊤46〜55ページ

がつ　にち

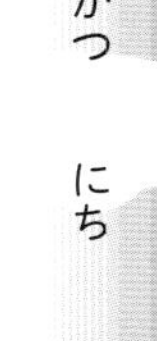

10ぷん　／100てん

1 □に あう ものを (は・を)から えらんで かきましょう。　ひとつ5〔20てん〕

(1) あね□、さとう□ かいました。

(2) わたし□、ごはん□ たべました。

2 □に あう ものを、みぎの (　)から えらんで かきましょう。　ひとつ10〔80てん〕

(1) ようち□(へ・え)ん□(へ・え) いきます。

(2) □(へ・え)や□(へ・え) いきます。

(3) かきご□(を・お)り□(を・お) たべます。

(4) □(を・お)とうさん□(を・お) よびます。

こたえは66ページ

きほん 8

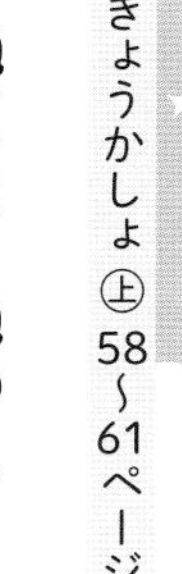

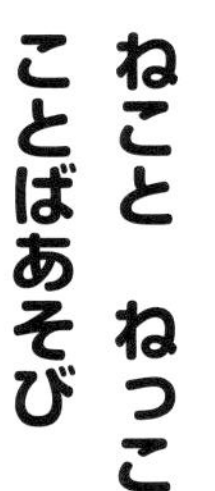

ねこと　ねっこ　ことばあそび

きょうかしょ㊤58～61ページ

がつ　にち

10ぷん　／100てん

1 ちいさい「っ」を　かく　ばしょに　きを　つけて、うえの　ことばを　□に　かきましょう。　ひとつ10〔20てん〕

(1) きって

(2) ねっこ

2 つぎの　ひらがなを　ばんごうの　じゅんに　なぞりましょう。　ひとつ10〔80てん〕

(1) 

(2) 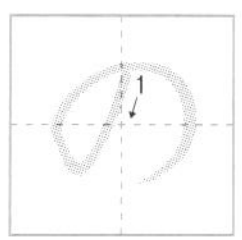

(3) 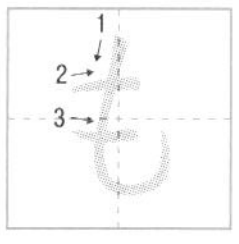

(4) 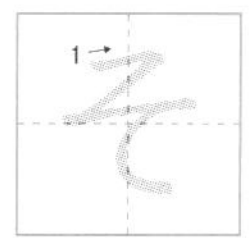

(5) 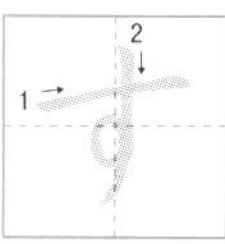

(6) 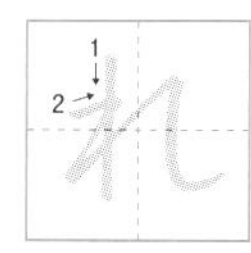

(7) 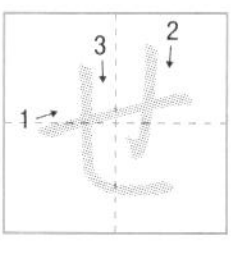

(8) 

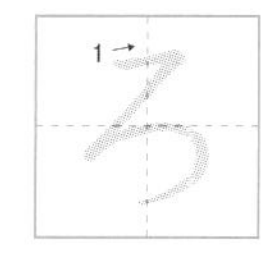

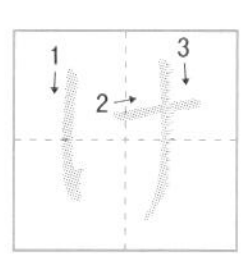

こたえは66ページ

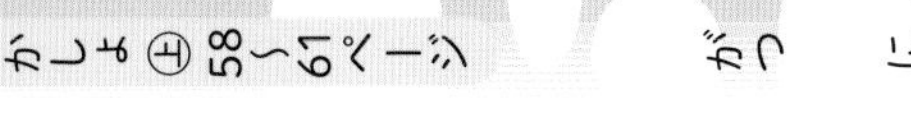

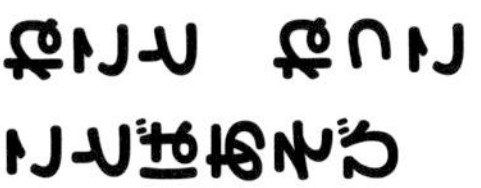

ねこと ねっこ ことばあそび

がつ　にち

10ぷん

／100てん

1 ただしい ほうに ○を つけましょう。　ひとつ20〔60てん〕

(1)

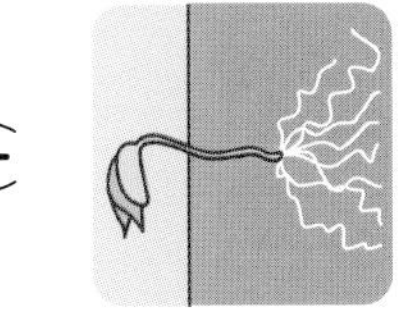

㋐（　）ねっこ
㋑（　）ねつこ

(2)

㋐（　）きつね
㋑（　）きっね

(3)

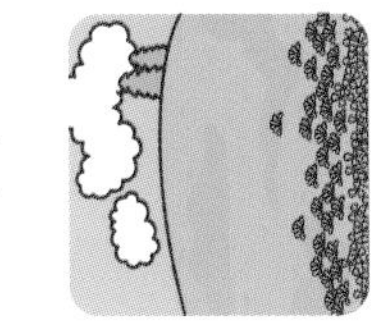

㋐（　）はらつぱ
㋑（　）はらっぱ

2 えを みて、□に あてはまる ひらがなを かきましょう。　ひとつ20〔40てん〕

(1) つみ□／□□の

(2) いか／□□め

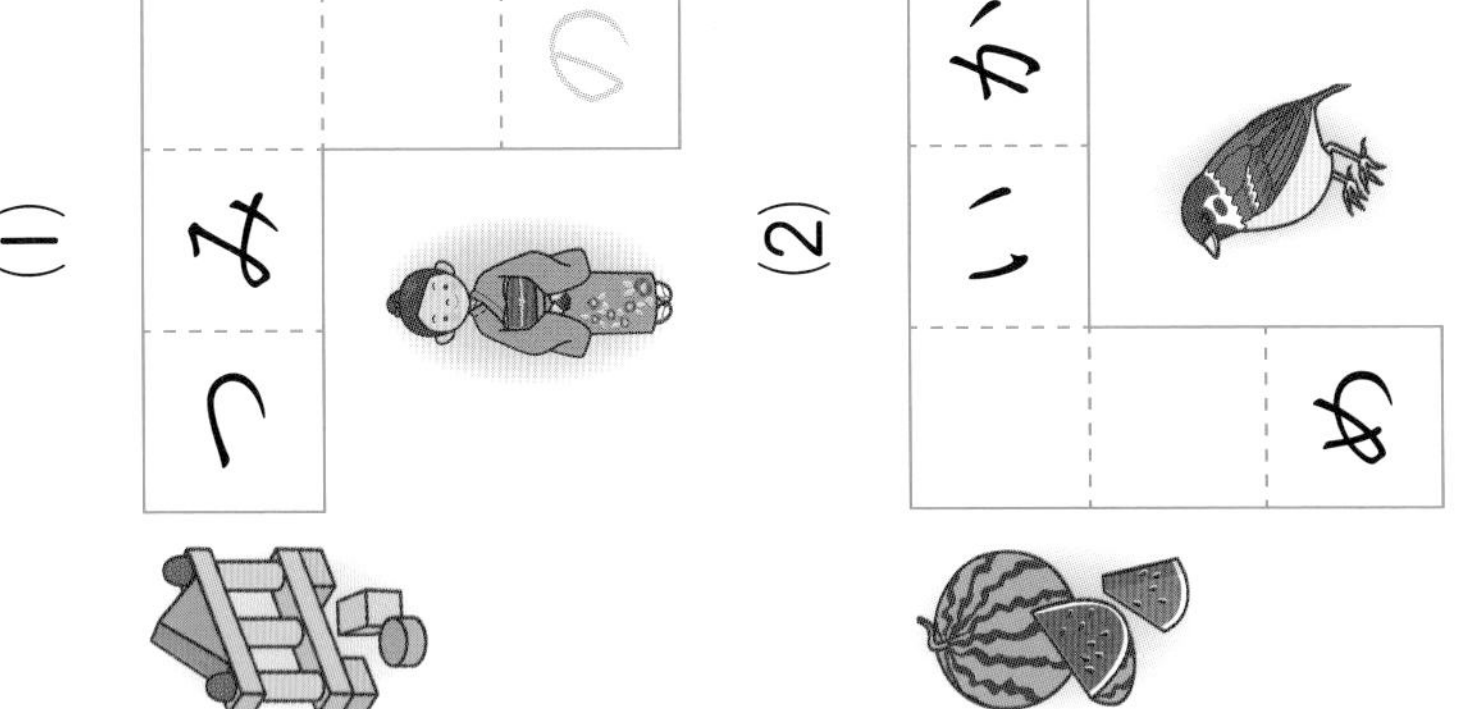

こたえは66ページ

きほん 9

きょうかしょ㊤62〜67ページ

あひるの　あくび
のばす　おん

がつ　にち

10ぷん

／100てん

1 えを　みて、□に　あてはまる　ひらがなを　かきましょう。　ひとつ10〔40てん〕

(1)  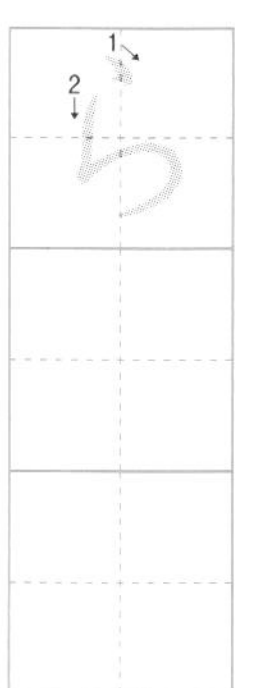
ら□□

(2)  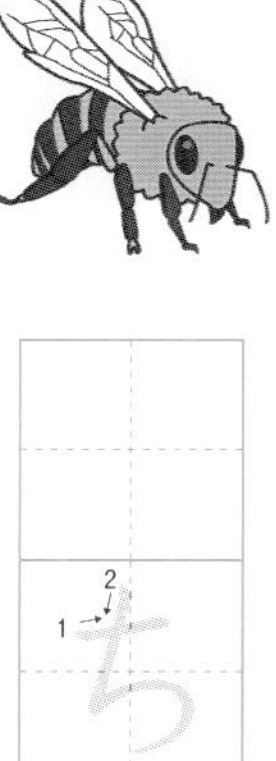
□ち

(3)  
□ぬ□

(4)   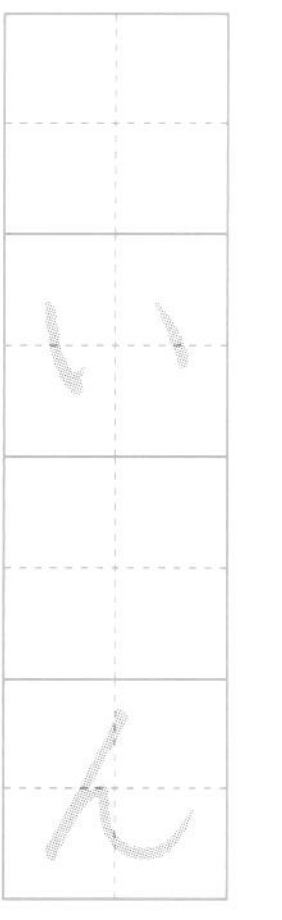
□い□ん

2 ただしい　ほうに　○を　つけましょう。　ひとつ15〔60てん〕

(1)
- (　) ぼうし
- (　) ぼおし

(2)
- (　) おうかみ
- (　) おおかみ

(3)
- (　) とけえ
- (　) とけい

(4)
- (　) おねえさん
- (　) おねいさん

こたえは67ページ

かくにん 9

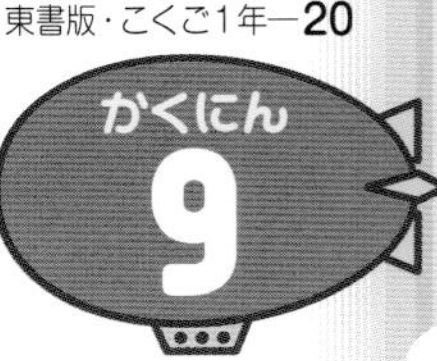

あひるの あくび のばす おん

きょうかしょ㊤62〜67ページ

がつ にち

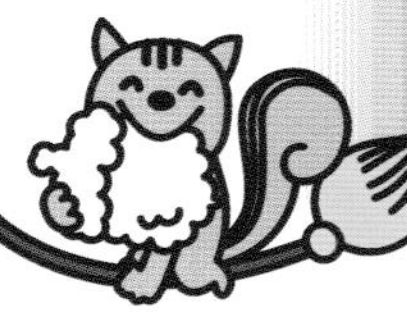

／100てん 10ぷん

1 □に あてはまる ひらがなを かきましょう。 ひとつ10〔40てん〕

(1) た□ってと

(2) はひふへ□

(3) まみむ□も

(4) なに□ねの

2 つぎの えの ひとたちの よびかたを かきましょう。 ひとつ12〔60てん〕

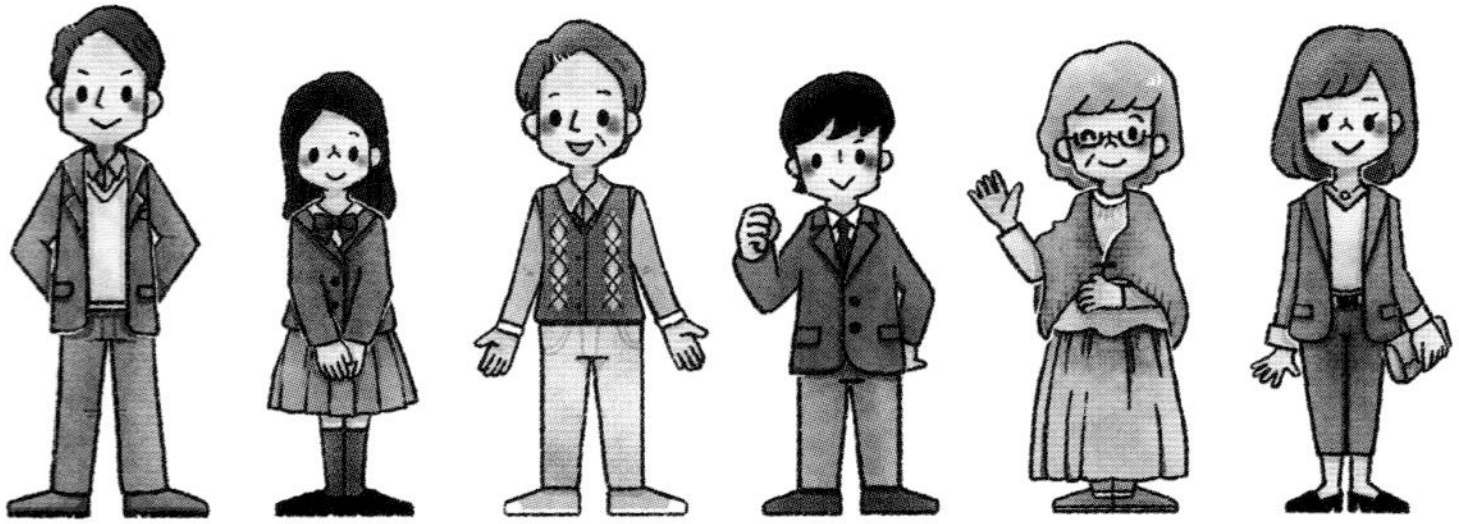

(1) おか□□ん

おばあさん

(2) おに□□ん

(3) おじ□□ん

(4) おね□□ん

(5) おと□□ん

こたえは67ページ

きほん 10

きょうかしょ㊤68〜77ページ　がつ　にち

どう やって みを まもるのかな
いしやと いしゃ

10ぷん　／100てん

1 すかんくの えを みて、からだの なまえを かきましょう。 ひとつ20〔40てん〕

(1) か□□

(2) し□□

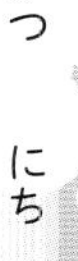
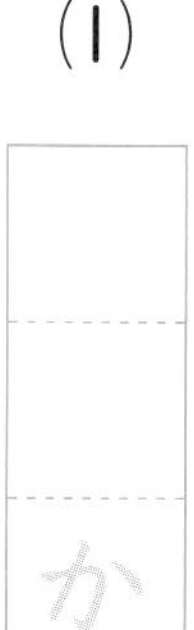
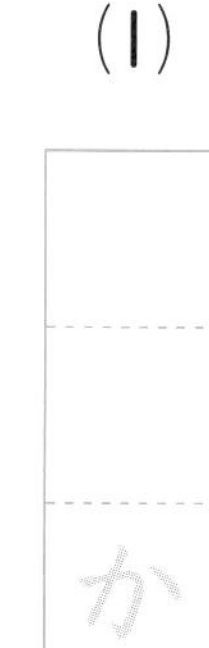
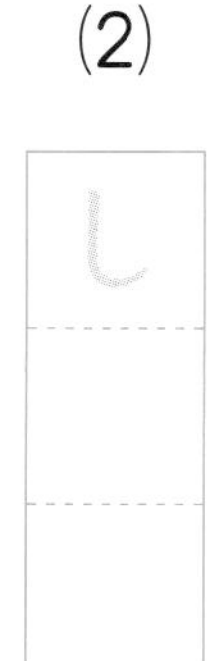
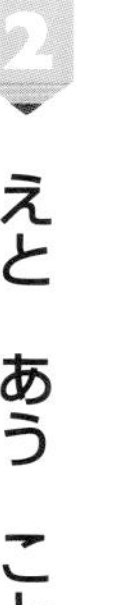

2 えと あう ことばを ──で むすびましょう。 ひとつ10〔60てん〕

(1) 　(2) 

・いしゃ・
・いしや・

(3) 　(4) 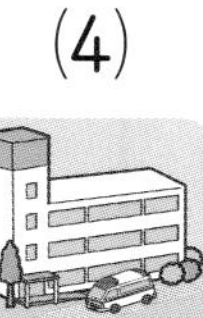

・びょういん・
・びよういん・

(5) 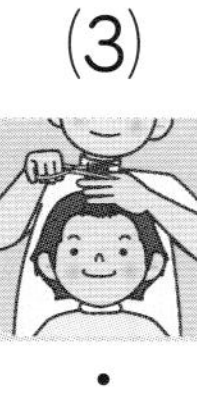　(6) 

・にんぎょ・
・にんぎょう・

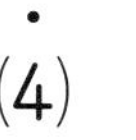

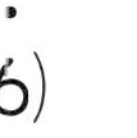

こたえは67ページ

きょうかしょ㊤68～77ページ

がつ　にち

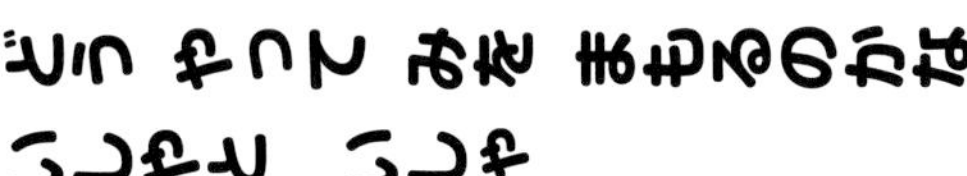

どうやって　みを　まもるのかな
いしやと　いしや

10ぷん

／100てん

1 えを　みて、□に　あう　ひらがなを　かきましょう。

ひとつ20〔60てん〕

(1)
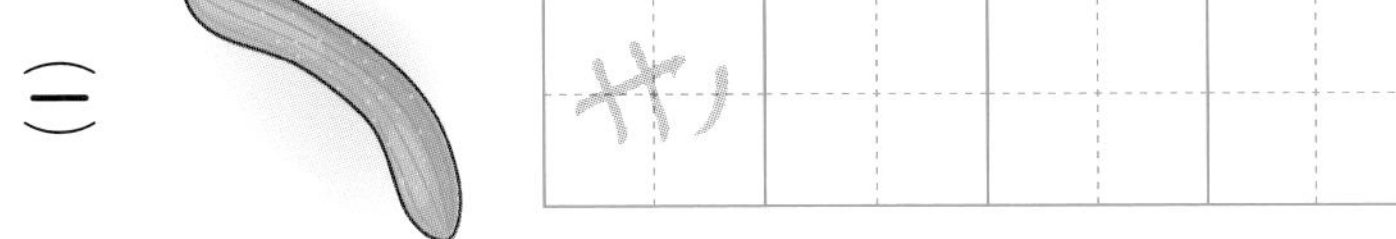

(2)
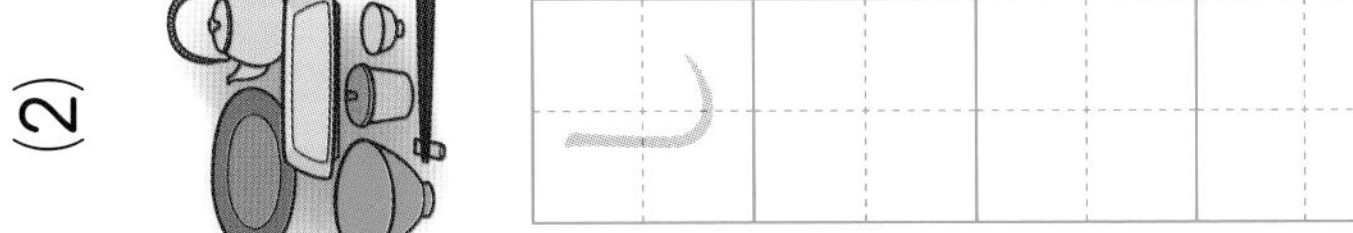

(3)

2 まちがって　いる　じを　○で　かこんで、（　）に　ただしい　じを　かきましょう。

ぜんぶできて　ひとつ10〔40てん〕

(1) いろいろな　どうぶつ。（　　）

(2) さかだちお　する。（　　）

(3) あるまじろの　かたい　こおら。（　　）

(4) ねこが　ひやつぴき　います。（　　）

こたえは67ページ

きほん 11

こんな こと したよ
おおきな かぶ

きょうかしょ㊤78〜93ページ

がつ　にち

10ぷん　／100てん

1 えに あう ことばを かきましょう。　ひとつ14〔70てん〕

(1)（　　　　）

(2)（　　　　）

(3)（　　　　）

(4)（ま ご）

(5)（　　　　）

2 うえと したの ことばが つながるように、――で むすびましょう。　ひとつ10〔30てん〕

(1) たねを ・　　・よびました。

(2) かぶを ・　　・まきました。

(3) まごを ・　　・ぬきました。

こたえは67ページ

こんな こと したよ おおきな かぶ

きょうかしょ㊤78～93ページ

がつ　にち

10ぷん

／100てん

1 ぶんの なかから、ちいさく かく ひらがなを みつけて ○で かこみましょう。　ぜんぶできて ひとつ15〔30てん〕

(1) みんなで かぶを ひっぱる。

(2) 「うんとこしょ、どっこいしょ。」

2 つぎの（　）に あてはまる ことばを ［　］から えらんで かきましょう。　ひとつ15〔30てん〕

(1) かぶは （　　　　） ぬけません。

(2) かぶは （　　　　） ぬけました。

［ やっと　　まだ ］

3 つぎの ぶんしょうの □に、てん（、）か まる（。）を つけましょう。　ひとつ10〔40てん〕

	ぼ	く	は		あ	さ	が	お	の
み	ず	や	り	を	し	ま	し	た	
あ	さ	が	お	は		は	な	が	さ
い	て	い	ま	し	た				

こたえは67ページ

きほん 12

きょうかしょ㊤94〜105ページ

としょかんは　どんな　ところ
ことばあそびうたを　つくろう
かたかなを　みつけよう
えにっきを　かこう

がつ　にち

10ぷん　／100てん

1 つぎの　ぶんに　あう　ばしょに　○を　つけましょう。〔20てん〕

ほんを　よんだり　かりたり　する　ところ。

㋐（　　）たいいくかん
㋑（　　）ほけんしつ
㋒（　　）としょかん

2 つぎの（　）に　あう　おとや　ようすを　あらわす　ことばを　□から　えらんで　かきましょう。ひとつ20〔80てん〕

(1) うさぎは（　　　　）とぶ。
(2) せんべいを（　　　　）たべる。
(3) うどんを（　　　　）たべる。
(4) ちょうちょは（　　　　）とぶ。

ばりばり	ひらひら
ぴょんぴょん	つるつる

こたえは68ページ

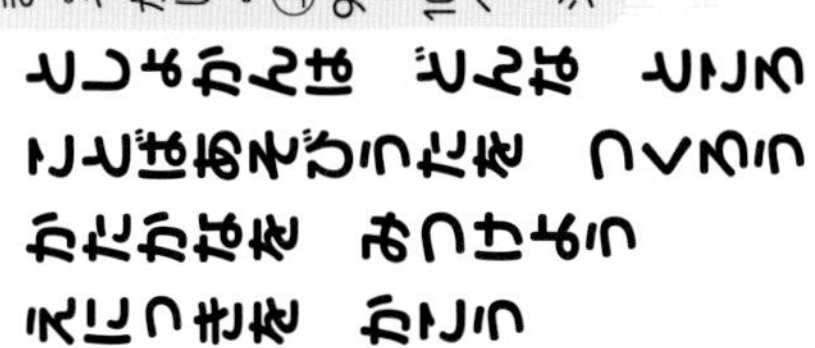

としょかんは どんな ところ
ことばあそびうたを つくろう
かたかなを みつけよう
えにっきを かこう

きょうかしょ㊤94〜105ページ

がつ　にち

10ぷん　／100てん

1 えを みて、□に あてはまる かたかなを かきましょう。 ひとつ20〔60てん〕

(1) クレヨン

(2) ボール

(3) ゴーヤ

2 □の ことばを ならべかえて、ただしい ぶんに しましょう。 ひとつ20〔40てん〕

(1)

あそんで　たのしかった　ともだちと　。

(2)

おいしかった　きゅうしょくは、　とても　。

こたえは68ページ

きほん 13

きょうかしょ㊤106～117ページ

あるけ　あるけ／き　はなしたいな　ききたいな　かぞえうた

がつ　にち

10ぷん　／100てん

1 ――の　かんじの　よみがなを　かきましょう。　一つ7〔70てん〕

(1) 一つ。（　　）
(2) 二つ。（　　）
(3) 三つ。（　　）
(4) 四つ。（　　）
(5) 五つ。（　　）
(6) 六つ。（　　）
(7) 七つ。（　　）
(8) 八つ。（　　）
(9) 九つ。（　　）
(10) 九つ、十、と　かぞえる。（　　）

2 （　）に　あてはまる　ことばを　［　］から　えらんで　かきましょう。　一つ10〔30てん〕

わたしは、おとうさんと　はやしへ（　　　　）。くわがたむしを　二ひき（　　　　）。こんどは　かぶとむしも　つかまえて（　　　　）。

［みたいです　いきました　つかまえました］

こたえは68ページ

あるけ　あるけ／き　はなしたいな　ききたいな　かぞえうた

きょうかしょ㊤106〜117ページ

がつ　にち

／100てん

1 □に　あてはまる　かんじを　かきましょう。　一つ10〔60てん〕

(1) □(ろく)とうの　くじら。
(2) □(ご)ほんの　き。
(3) □(じゅう)にんが　たつ。
(4) □(よん)こ　たべる。
(5) □(きゅう)さつの　ほん。
(6) □(なな)だい　くる。

2 ただしい　ほうに　○を　つけましょう。　一つ10〔20てん〕

(1)

㋐（　）ちきゆう
㋑（　）ちきゅう

(2)

㋐（　）かふどむし
㋑（　）かぶとむし

3 うえと　したの　ことばが　つながるように、——で　むすびましょう。　一つ10〔20てん〕

(1) あしを　・　　・あるく。
(2) あしで　・　　・ふんばる。

こたえは68ページ

きほん 14

かいがら かんじの はなし

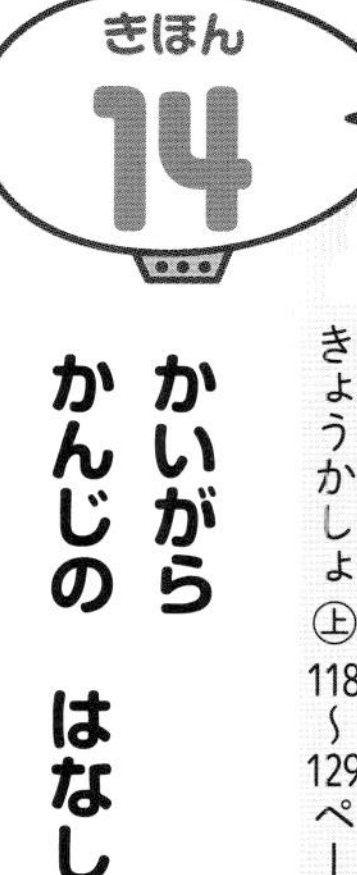

きょうかしょ㊤118～129ページ

がつ　にち

10ぷん

／100てん

1 ——の　かんじの　よみがなを　かきましょう。　一つ10〔70てん〕

(1) 山が　みえる。

(2) 木を　うえる。

(3) おおきな　川。

(4) 目を　とじる。

(5) 月が　でた。

(6) つくえの　上。

(7) 下に　おとす。

2 □に　あてはまる　かんじを　□から　えらんで　かきましょう。　一つ10〔30てん〕

(1)

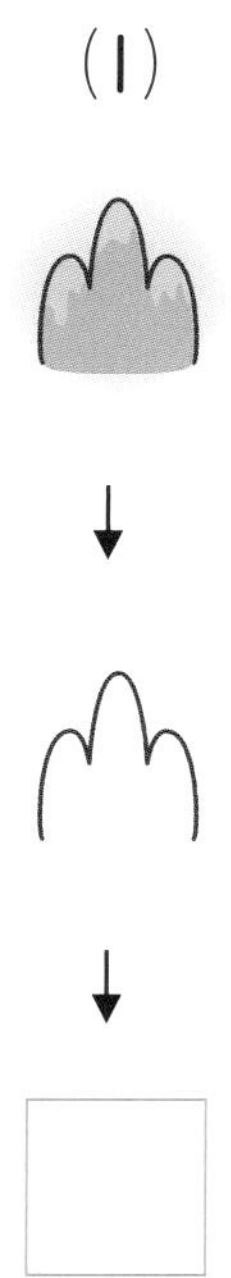

(2)

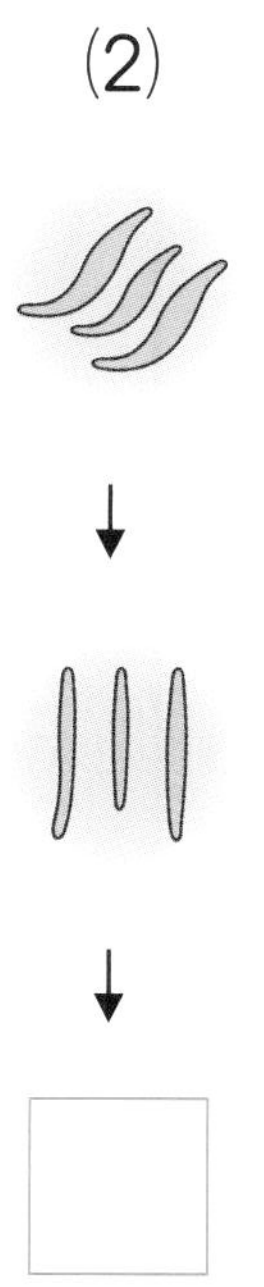

(3)

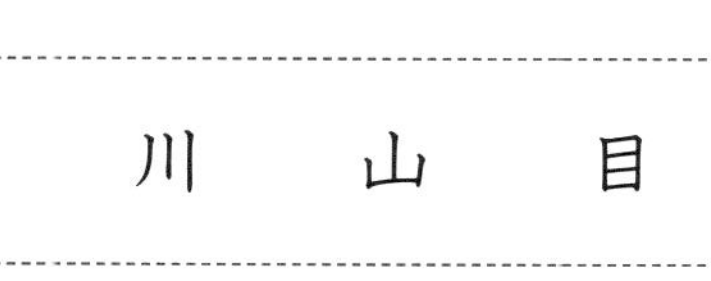

川　山　目

こたえは68ページ

かいがら
かんじの　はなし

きょうかしょ㊤118〜129ページ

がつ　にち

10ぷん

／100てん

1 □に　あてはまる　かんじを　かきましょう。 一つ10〔50てん〕

(1) たかい　□（やま）。

(2) □（き）に　のぼる。

(3) □（かわ）が　ながれる。

(4) □（め）で　みる。

(5) □（つき）を　みる。

2 つぎの　かんじで、いちばん　はじめに　かく　ところを　ふとく　なぞりましょう。 一つ10〔20てん〕

(1) 上

(2) 下

3 上と　下の　ことばが　つながるように、――で　むすびましょう。 一つ10〔30てん〕

(1) うみで　かいがらを・　　・あてる。

(2) じぶんの　うちへ　・　　・ひろう。

(3) かいがらを　みみに・　　・かえる。

こたえは68ページ

きほん 15

きょうかしょ㊦5～19ページ

サラダで　げんき (1)

がつ　にち

／100てん　10ぷん

1 ――の　かんじの　よみがなを　かきましょう。　一つ13〔52てん〕

(1) れいぞうこの　中。（　　）

(2) 大きな　おさら。（　　）

(3) へやに　入る。（　　）

(4) サラダに　入れる。（　　）

2 えを　みて、□に　あてはまる　かたかなを　かきましょう。　一つ12〔48てん〕

(1) ス ト □

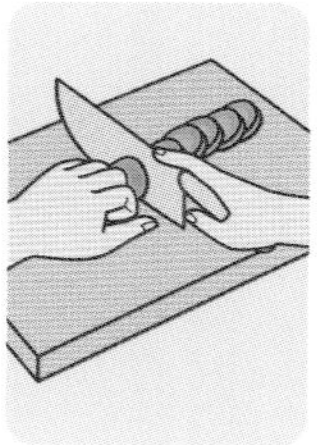

(2) サ ラ ダ

(3) □ マ □

(4) キ □ ベ ツ

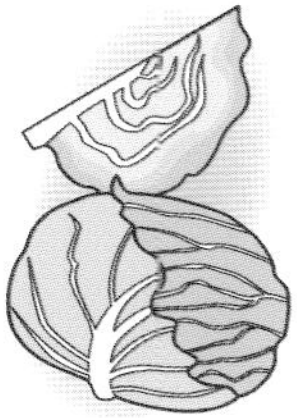

こたえは68ページ

きょうかしょ㊦5～19ページ

がつ　にち

サラダで　げんき (1)

10ぷん

／100てん

1 □に　あてはまる　かんじを　かきましょう。〔一つ12〔48てん〕〕

(1) かばんの □（なか）。 (2) □（おお）きな　なべ。

(3) いえに □（はい）る。 (4) しおを □（い）れる。

2 （　）に　あてはまる　ことばを □ から　えらんで　かきましょう。〔一つ14〔42てん〕〕

(1) （　　　　）した　キャベツ。

(2) ひこうきが　（　　　　）　とぶ。

(3) サラダを　（　　　　）と　まぜる。

ゴーゴー　シャキシャキ　ずらり　くりん

3 「のっそり」の　いみと　あう　ほうに　○を　つけましょう。〔10てん〕

㋐（　）すばやい　ようす。

㋑（　）ゆっくりして　いる　ようす。

こたえは68ページ

きほん 16

サラダで げんき ⑵

きょうかしょ ㊦ 5～19ページ

がつ　にち

10ぷん

／100てん

1 ――の かんじの よみがなを かきましょう。 一つ10〔70てん〕

(1) となりの 犬。（　　）

(2) 大いそぎ。（　　）

(3) 小さな おと。（　　）

(4) げんきな 白くま。（　　）

(5) こえを 出す。（　　）

(6) 力づよく まぜる。（　　）

(7) おはなしに 出て くる。（　　）

2 えと あう ことばを □ から えらんで かきましょう。 一つ10〔30てん〕

(1) （　　）

(2) （　　）

(3) （　　）

かける　のせる　まぜる

かくにん 16

サラダで げんき (2)

きょうかしょ㊦5～19ページ

がつ　にち

／100てん　10ぷん

1 □に あてはまる かんじを かきましょう。 一つ10〔40てん〕

(1) □（いぬ）が ほえる。

(2) □（ちい）さい こえ。

(3) □（しろ）い くも。

(4) つよい □（ちから）。

2 はんたいの いみの ことばを、かんじと ひらがなで かきましょう。 一つ12〔24てん〕

(1) ちいさい ⟷ （　　）

(2) 入る ⟷ （　　）

3 えを みて、□に あてはまる かたかなを かきましょう。 一つ12〔36てん〕

(1) ハム

(2) プ□□□

(3) ノ□□

こたえは69ページ

かたかなを　かこう

がつ　にち

10ぷん　／100てん

1 えを　みて、□に　あてはまる　かたかなを　かきましょう。　一つ14〔56てん〕

(1)   

(2) 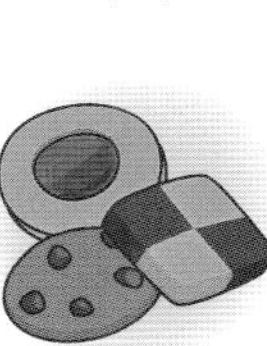 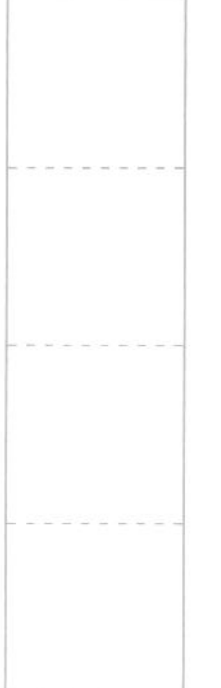

(3) 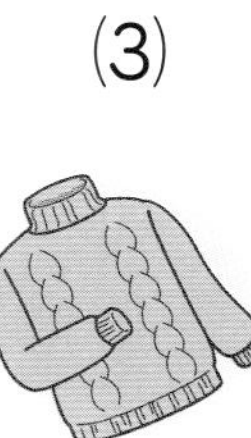 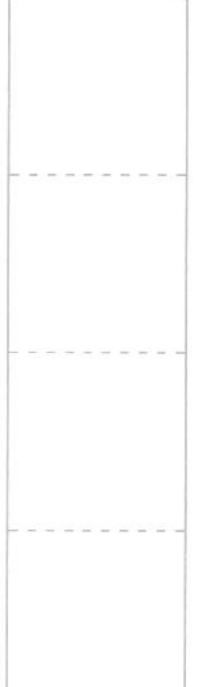

(4)  

2 ただしい　ほうに　○を　つけましょう。　一つ11〔44てん〕

(1) ㋐（　）テント
　　㋑（　）テソト

(2) ㋐（　）フォウク
　　㋑（　）フォーク

(3) ㋐（　）キヤンプ
　　㋑（　）キャンプ

(4) ㋐（　）ソーセージ
　　㋑（　）ンーセージ

こたえは69ページ

かくにん 17

かたかなを かこう

きょうかしょ ㊦ 20〜23ページ

がつ にち

10ぷん ／100てん

1 かたかなに なおして かきましょう。 一つ10〔40てん〕

(1) えぷろん　エ　ロ

(2) じゅうす

(3) けちゃっぷ

(4) きゃらめる　メ　ル

2 ぶんの なかから、かたかなで かく ことばを 二つずつ さがして、かたかなで かきましょう。 一つ10〔60てん〕

(1) てんとで ちょこれえとを たべる。

(2) きゃんぷに いって かぬうを こぐ。

(3) とまとの がらの せえたあを きる。

こたえは69ページ

きほん 18

きょうかしょ㊦30～37ページ

なにに 見えるかな よう日と 日づけ (1)

月　日

10ぷん

／100てん

1 ――の かんじの よみがなを かきましょう。 一つ7〔28てん〕

(1) ほしが 見える。

(2) むしを 見る。

(3) 先生と はなす。

(4) 気を つける。

2 ――の かんじの よみがなを かきましょう。 一つ6〔72てん〕

(1) よう日。

(2) 日よう日。

(3) 月よう日。

(4) たき火。

(5) 火よう日。

(6) 水のみば。

(7) 水よう日。

(8) 木よう日。

(9) お金。

(10) 金よう日。

(11) 土の 中。

(12) 土よう日。

こたえは69ページ

かくにん 18

きょうかしょ㊦30〜37ページ

なにに 見えるかな よう日と 日づけ (1)

月　日

10ぷん　／100てん

1 □に あてはまる かんじを かきましょう。 一つ10〔30てん〕

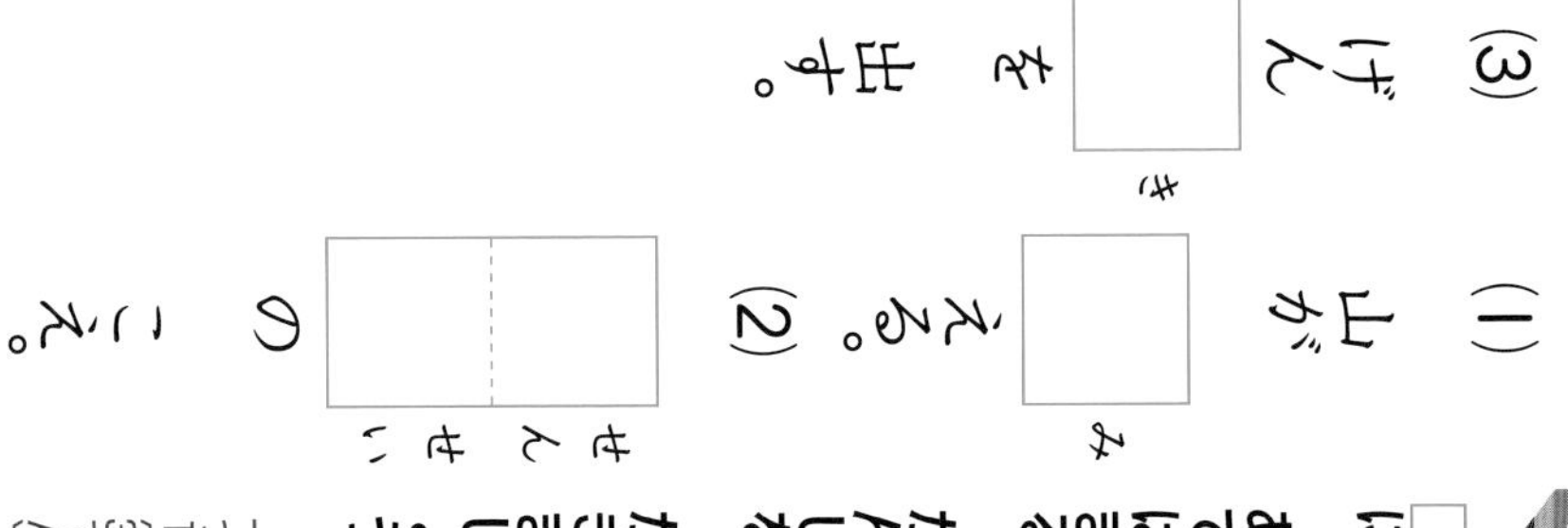

(1) 山が □(み)える。

(2) □□(せんせい)の こえ。

(3) げん□(き)を 出す。

2 よう日を あらわす かんじを かきましょう。 一つ10〔60てん〕

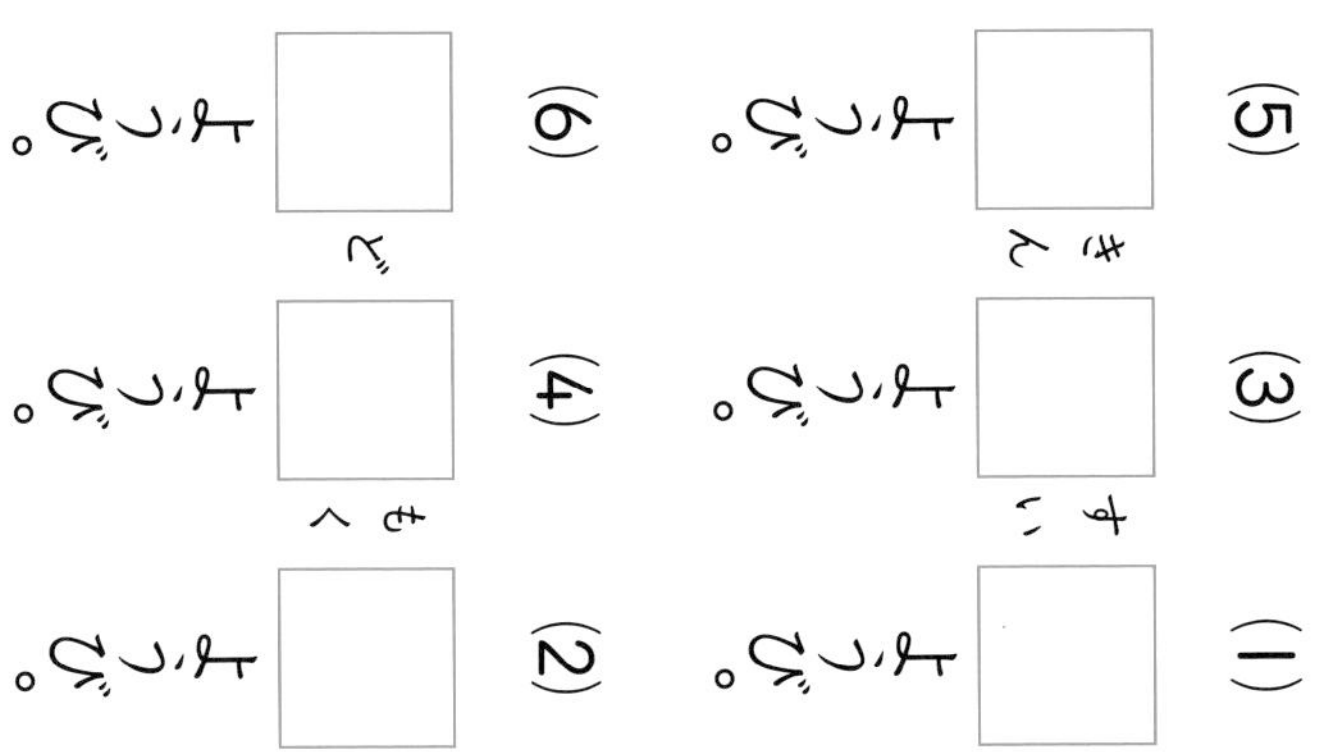

(1) □(にち)ようび。

(2) □(か)ようび。

(3) □(すい)ようび。

(4) □(もく)ようび。

(5) □(きん)ようび。

(6) □(ど)ようび。

3 たずねて いる ぶんの ほうに、○を つけましょう。 〔10てん〕

(　　)おてつだいを して います。

(　　)なにを して いますか。

こたえは69ページ

きほん 19

よう日と 日づけ (2)

きょうかしょ㊦36～37ページ

月　日

10ぷん　／100てん

1 ――の かんじの よみがなを かきましょう。　一つ8〔56てん〕

(1) 三日。( )

(2) 五日。( )

(3) 六日。( )

(4) 七日。( )

(5) 八日。( )

(6) 九日。( )

(7) 十月。( )

2 とくべつな よみかたを する、――の 日づけの よみかたを かきましょう。　一つ8〔24てん〕

(1) 一日。( )

(2) 二日。( )

(3) 二十日。( )

3 ――の かんじの 二つの よみかたを かきましょう。　一つ5〔20てん〕

(1)
- あ 四月十五日。( )
- い 日が のぼる。( )

(2)
- あ 月よう日。( )
- い 月が かがやく。( )

こたえは69ページ

よう日と　日づけ　(2)

月　　日

／100てん

1 □に　あてはまる　かんじを　かきましょう。

ひとつ12〔36てん〕

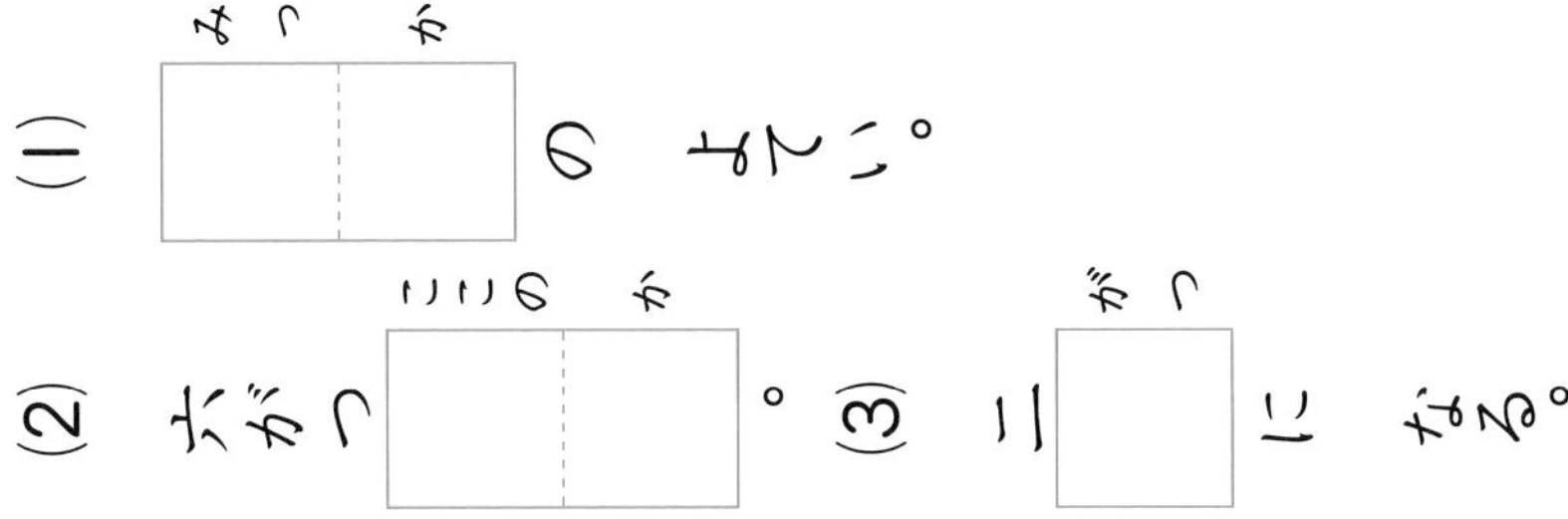

(1) □□（みっか）の　よてい。

(2) 六がつ　□□（ここのか）。

(3) 二□（がつ）に　なる。

2 カレンダーを　見て、◯が　ついた　ひの　ひづけと　ようびを　かんじで　かきましょう。

ひとつ8〔64てん〕

(1)

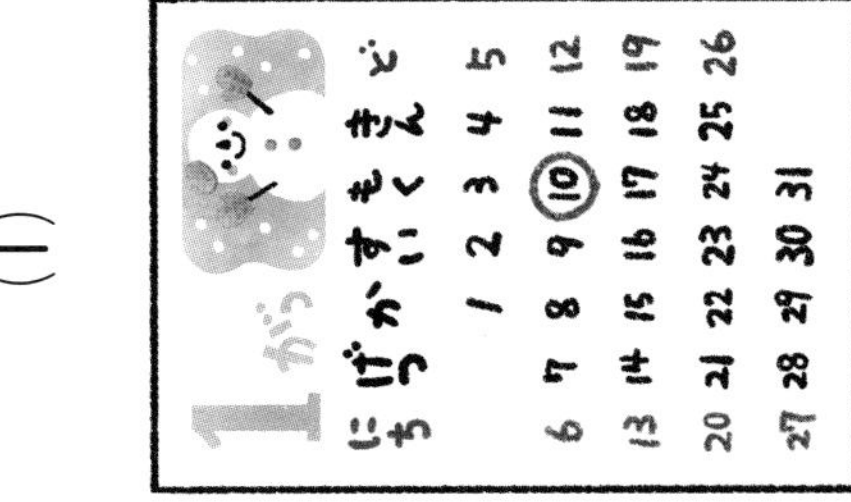

□（いち）がつ　□□（とおか）
□（もく）ようび

(2)

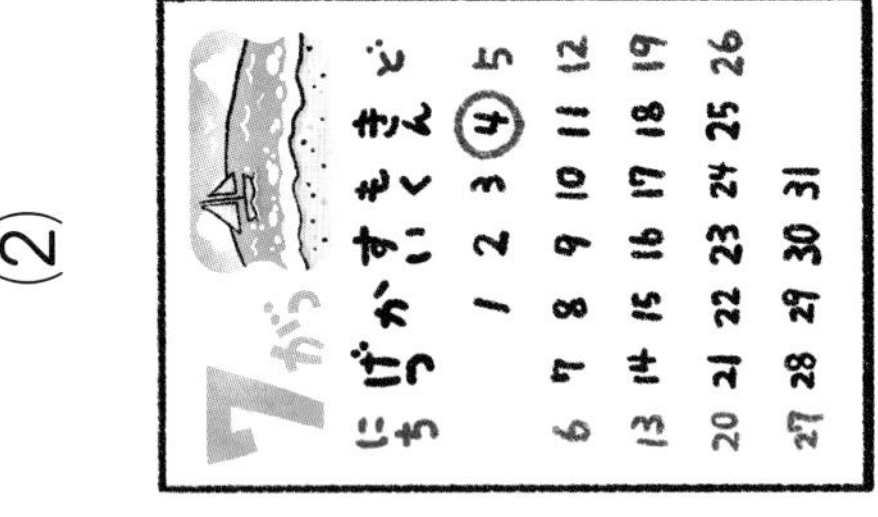

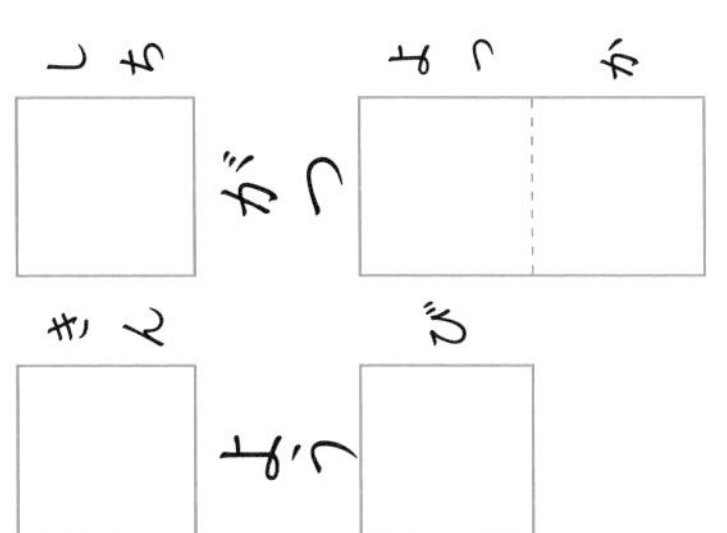

□（しち）がつ　□□（よっか）
□（きん）ようび

こたえは69ページ

はっけんしたよ ひらがなを つかおう1

月　　日

／100てん

1 ——の かん字の よみがなを かきましょう。

一つ10〔70てん〕

(1) 花が さく。（　　）

(2) 小さな 生きもの。（　　）

(3) よさを 生かす。（　　）

(4) 文しょうに かく。（　　）

(5) 音が きこえる。（　　）

(6) 町を あるく。（　　）

(7) ただしい 字。（　　）

2 ○に あてはまる ひらがなを □から えらんで かきましょう。

一つ10〔30てん〕

わたし○、こうえん○、まつぼっくり○ ひろいました。

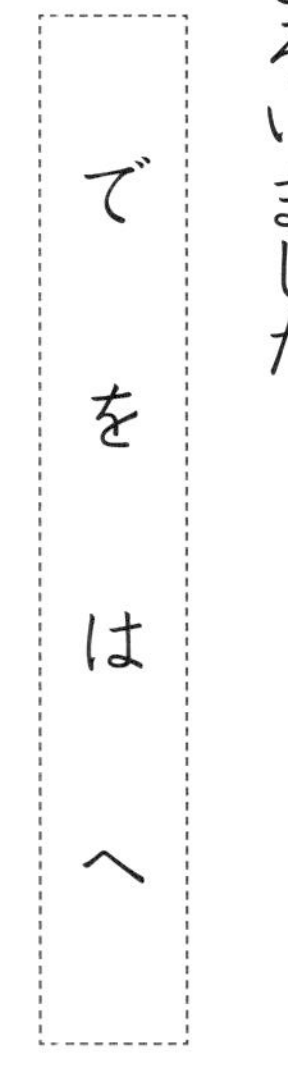

で　を　は　へ

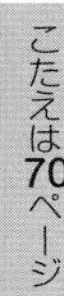
こたえは70ページ

はっけんしたよ　ひらがなを　つかおう1

月　日

10ぷん　／100てん

1 □に　あてはまる　かんじを　かきましょう。〔一つ8〔48てん〕〕

(1) かだんの □（はな）。

(2) □（い）きものを　見る。

(3) □（ぶん）しょうを　よむ。

(4) □（おと）が　なる。

(5) □（まち）に　いく。

(6) □（じ）を　かく。

2 □に　あう　ひらがなを、下の（　）から　えらんで　かきましょう。〔一つ8〔32てん〕〕

(1) こう□ん□いきます。（え・へ）

(2) にわで、□にごっこ□します。（お・を）

3 上と　あう　ものを　――で　むすびましょう。〔一つ10〔20てん〕〕

(1) きづいた　こと・　　・㋐ きれいだなと　おもいました。

(2) おもった　こと・　　・㋑ 大きな　はねが　ありました。

こたえは70ページ

きょうかしょ 下 43〜57ページ

いろいろな ふね
「のりものカード」を つくろう
まとめて よぶ ことば

月　日

／100てん　10ぷん

1 ——の かん字の よみがなを かきましょう。　一つ10〔50てん〕

(1) たくさんの 人。（　　）

(2) へやで 休む。（　　）

(3) じどう車。（　　）

(4) 車を とめる。（　　）

(5) 本を よむ。（　　）

2 ——の かん字の 二つの よみかたを かきましょう。　一つ10〔20てん〕

(1) 花火を する。（　　）

(2) 火じが おきる。（　　）

3 えを 見て、□に あてはまる かたかなを かきましょう。　一つ15〔30てん〕

(1)
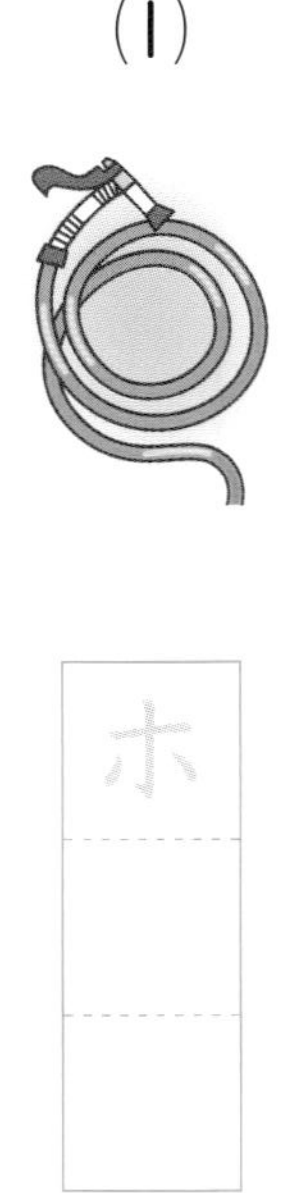
ホ□□

(2)

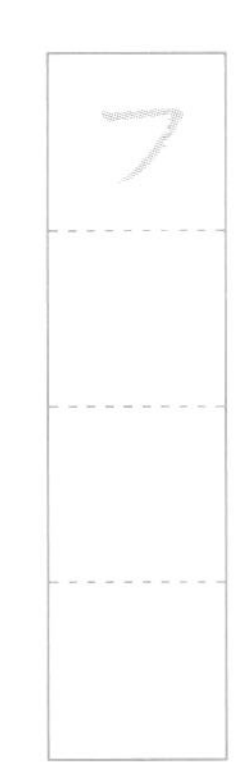
フ□□□

こたえは70ページ

きょうかしょ㊦43～57ページ

いろいろな ふね
「のりものカード」を つくろう
まとめて よぶ ことば

月　日

10ぷん

／100てん

1 □に あてはまる かん字を かきましょう。 一つ10〔40てん〕

(1) やさしい □(ひと)。

(2) かぜで □(やす)む。

(3) じてん □(しゃ)。

(4) □(ほん)を かりる。

2 つぎの ものを まとめて よぶ ことばを □から えらんで （　）に かきましょう。 一つ10〔60てん〕

(1) りんご・みかん・もも →（　　　）

(2) ふね・ひこうき・でんしゃ →（　　　）

(3) ピアノ・タンバリン・ギター→（　　　）

(4) うさぎ・りす・ねこ →（　　　）

(5) にんじん・だいこん・トマト→（　　　）

(6) こくご・さんすう・たいいく→（　　　）

がっき	どうぶつ	やさい
くだもの	きょうか	のりもの

こたえは70ページ

きほん 22

きょうかしょ㊦58～68ページ

すきな　きょうかを　はなそう　ことばで　あそぼう　おもい出して　かこう　ひらがなを　つかおう2

月　日

10ぷん　／100てん

1 ――の　かん字の　よみがなを　かきましょう。　一つ14〔28てん〕

(1) 学校（　　）に　かよう。

(2) 音（　　）どくを　する。

2 かきじゅんの　ただしい　ほうに　○を　つけましょう。　一つ12〔36てん〕

(1) あ（　）丨 屮 屮 出 出
　　い（　）𠃊 凵 屮 出 出

(2) あ（　）一 ＋ 土 生 牛 先
　　い（　）ノ 𠂉 牛 生 牛 先

(3) あ（　）ノ ハ ⺍ ⺍ 𭕄 𭕄 学 学
　　い（　）丶 ⺀ ⺍ ⺍ 𭕄 𭕄 学 学

3 じゅんじょを　あらわす　ことばを　三つ　えらんで、○を　つけましょう。　一つ12〔36てん〕

あ（　）つぎに　　い（　）はじめに

う（　）わたし　　え（　）うれしい

お（　）できた　　か（　）それから

こたえは70ページ

かくにん 22
すきな　きょうかを　はなそう　ことばで　あそぼう　おもい出して　かこう　ひらがなを　つかおう2

きょうかしょ㊦58〜68ページ

月　日

10ぷん　／100てん

1 □に　あてはまる　かん字を　かきましょう。　一つ15〔30てん〕

(1) □□（がっこう）へ　いく。　(2) □（おん）がくを　きく。

2 えを　見て、□に　あてはまる　ひらがなを　かきましょう。　一つ15〔30てん〕

(1)

(2)

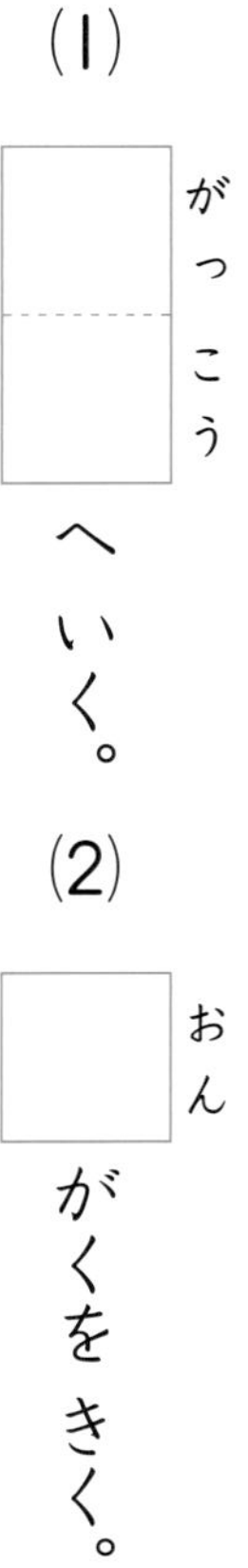

3 つぎの　文に　かぎ（「　」）と　まる（。）を　つけましょう。　〔ぜんぶできて40てん〕

　くまがねこに、

　がんばろう　と

いいました。

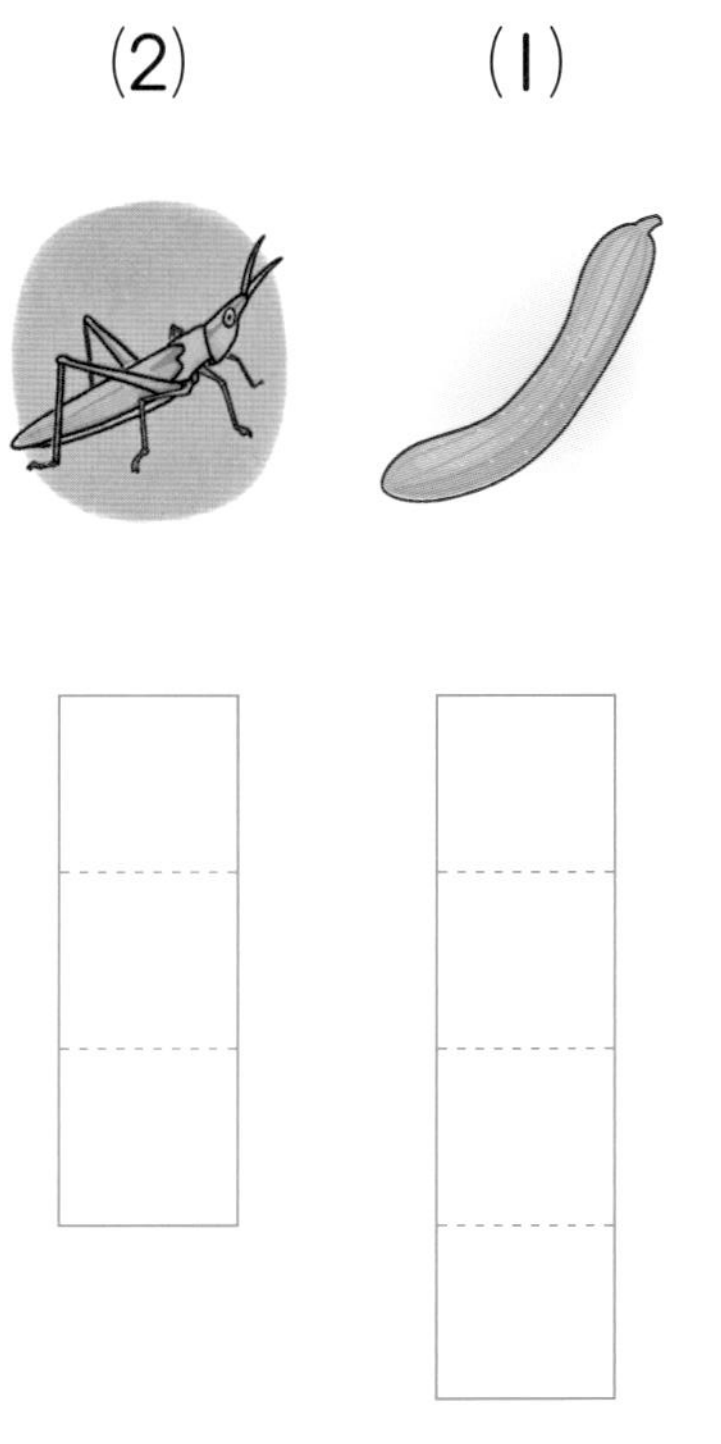

こたえは70ページ

きょうかしょ㊦69〜82ページ

おとうとねずみ　チロ

月　日

10ぷん

／100てん

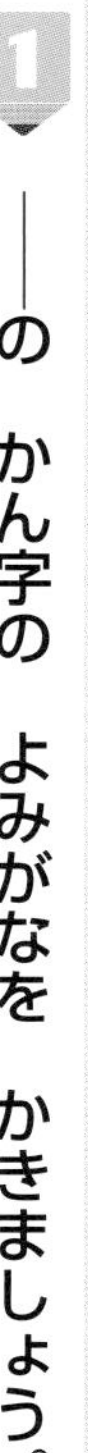

1 ――の　かん字の　よみがなを　かきましょう。　一つ8〔80てん〕

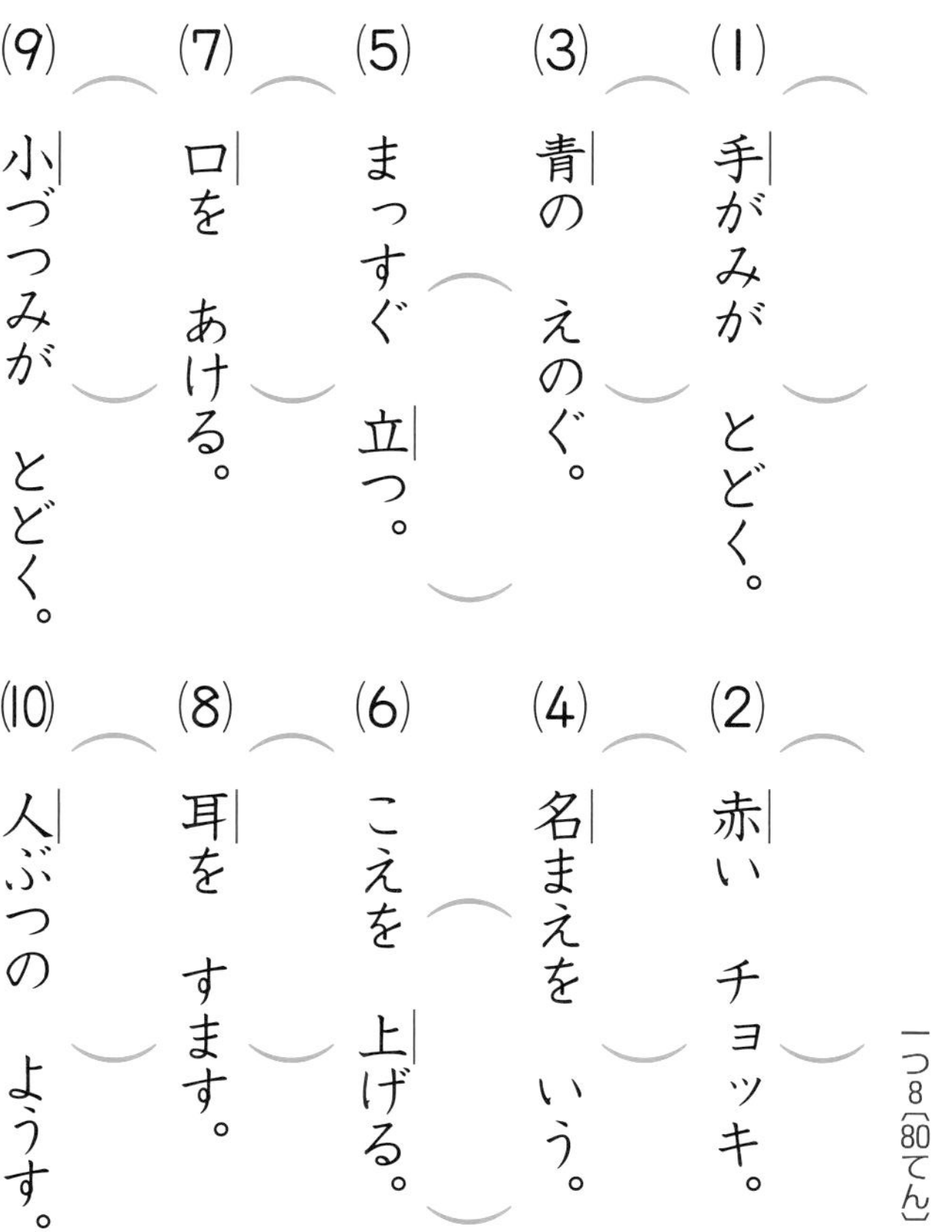

(1) 手がみが　とどく。（　　）

(2) 赤い　チョッキ。（　　）

(3) 青の　えのぐ。（　　）

(4) 名まえを　いう。（　　）

(5) まっすぐ　立つ。（　　）

(6) こえを　上げる。（　　）

(7) 口を　あける。（　　）

(8) 耳を　すます。（　　）

(9) 小づつみが　とどく。（　　）

(10) 人ぶつの　ようす。（　　）

2 ――の　かん字の　二つの　よみかたを　かきましょう。　一つ10〔20てん〕

(1) なん日。（　　）

(2) あさ日。（　　）

こたえは70ページ

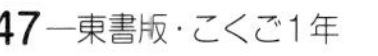

かくにん 23

きょうかしょ㊦69〜82ページ

月　日

おとうとねずみ　チロ

／100てん

10ぷん

1 □に　あてはまる　かん字を　かきましょう。　一つ10〔70てん〕

(1) □(て)がみ。

(2) □(あか)と　□(あお)。

(3) □(な)まえを　かく。

(4) いすから　□(た)つ。

(5) □(くち)を　ひらく。

(6) □(みみ)で　きく。

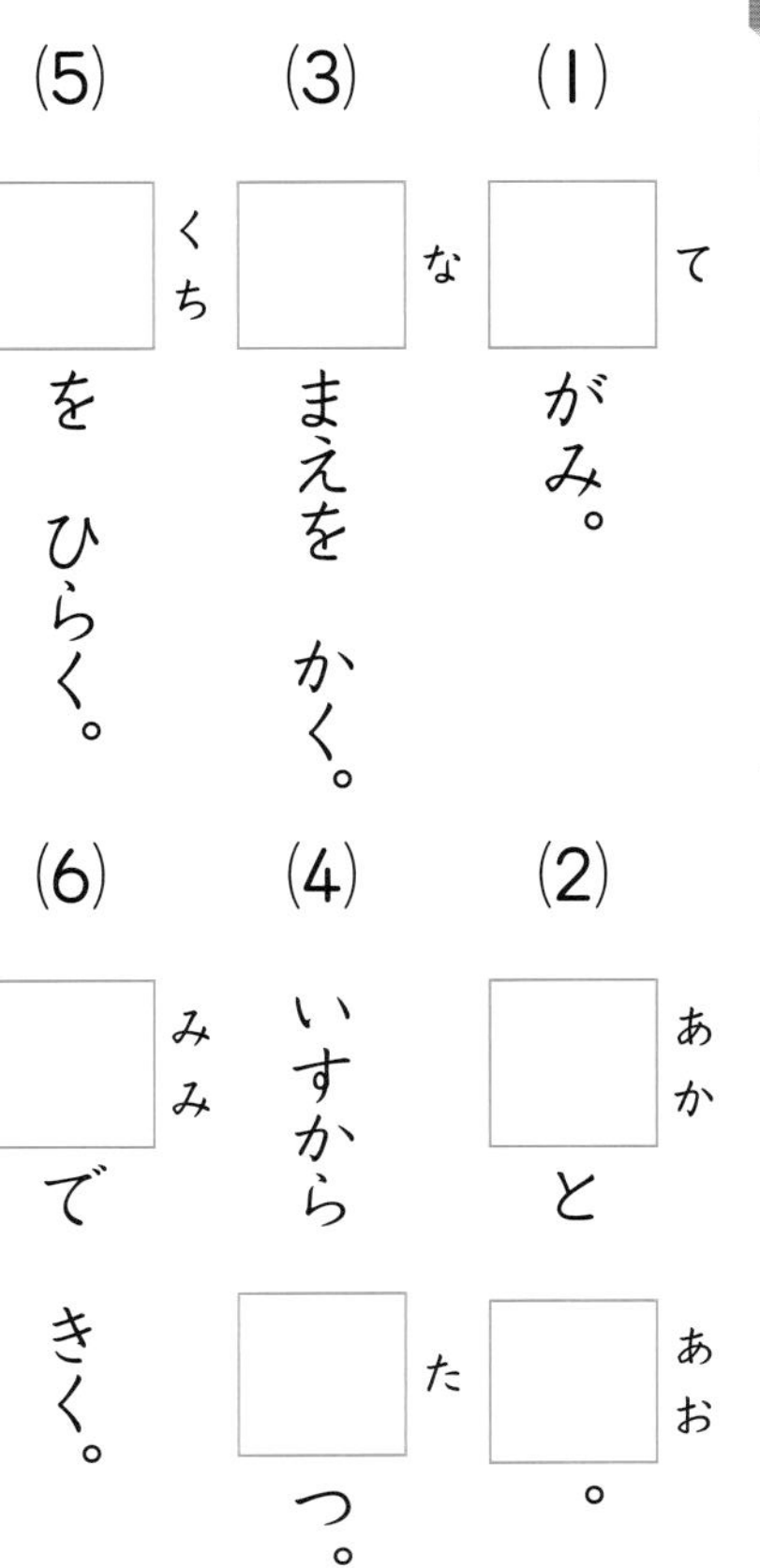

2 つぎの　ことばの　いみを　下から　えらんで、――で　むすびましょう。　一つ6〔18てん〕

(1) たのむ　・　　・ア　おどろいて　いそぐ。

(2) さけぶ　・　　・イ　おねがいする。

(3) あわてる・　　・ウ　大ごえを　出す。

3 つぎの（　）に　あてはまる　ことばを □から　えらんで　かきましょう。　一つ6〔12てん〕

(1) ほめられて（　　　　）した。

(2) あめが　ふらないか（　　　　）だ。

大よろこび　しんぱい　すき

こたえは70ページ

きほん 24

きょうかしょ㊦83～87ページ

かん字を　つかおう1
すきな　おはなしは　なにかな

月　日

／100てん

10ぷん

1 ――の　かん字の　よみがなを　かきましょう。　一つ10〔50てん〕

(1) 女の　先生。（　　）

(2) どうぶつの　子。（　　）

(3) 男の　人。（　　）

(4) 一年二くみ。（　　）

(5) 本の　だい名。（　　）

2 つぎの　かん字で、いちばん　はじめに　かく　ところを　ふとく　なぞりましょう。　一つ9〔36てん〕

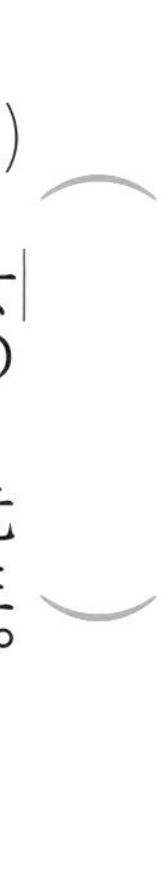

(1) 女　(2) 年　(3) 中　(4) 水

3 つぎの　かん字は、なんかいで　かきますか。すう字を　かきましょう。　一つ7〔14てん〕

(1) 子（　　）かい　(2) 男（　　）かい

こたえは71ページ

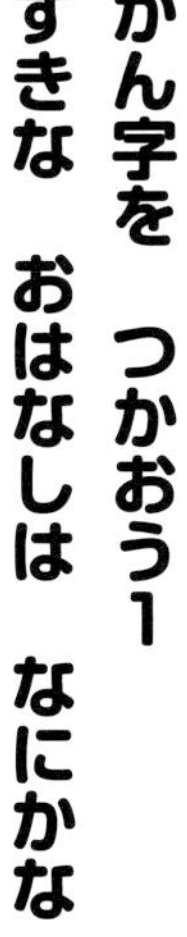

かん字を　つかおう1
すきな　おはなしは　なにかな

きょうかしょ㊦83〜87ページ

月　日

／100てん　10ぷん

1 □に　あてはまる　かん字を　かきましょう。　一つ10〔50てん〕

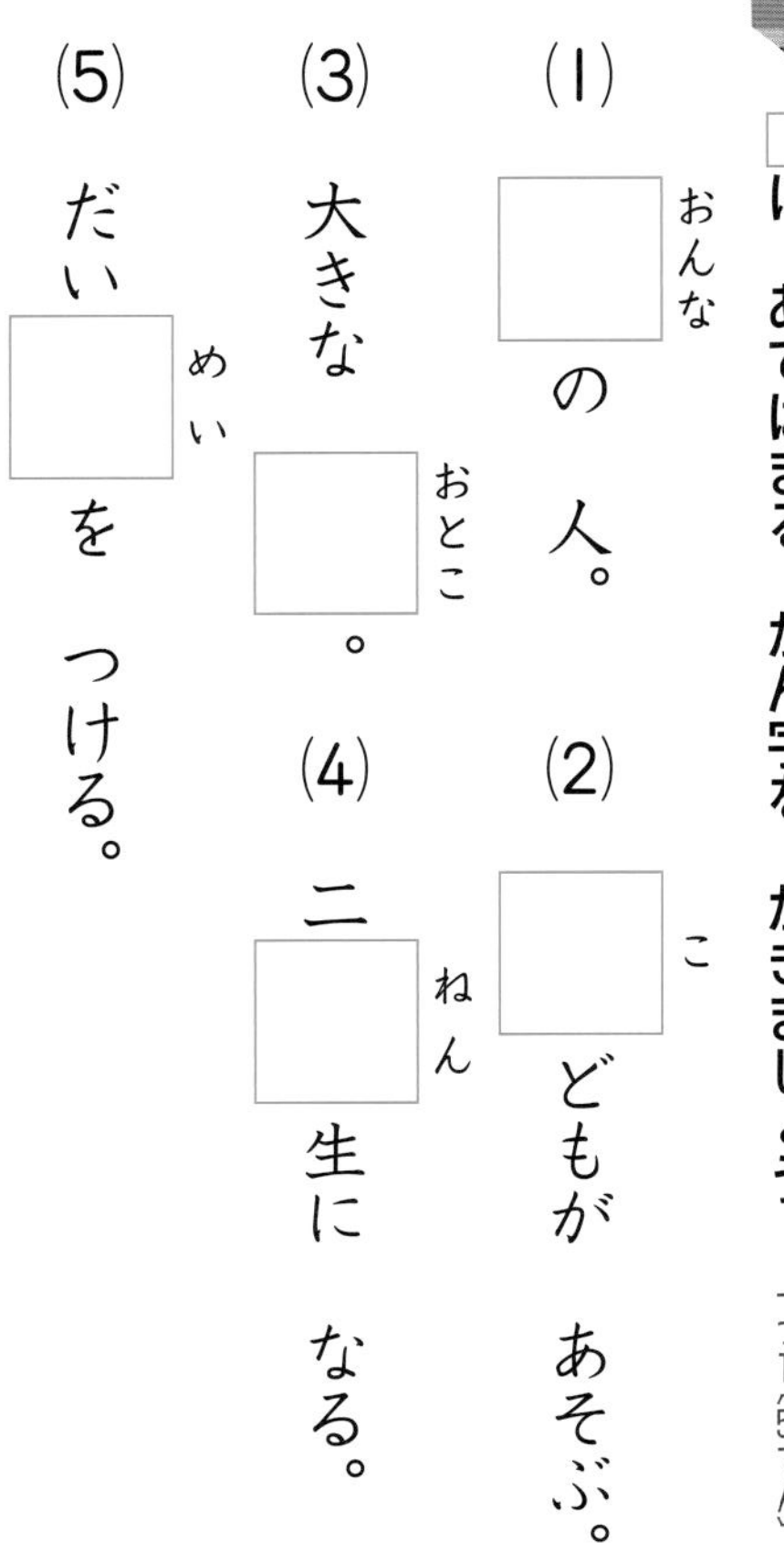

(1) □(おんな)の　人。

(2) □(こ)どもが　あそぶ。

(3) 大きな　□(おとこ)。

(4) 二□(ねん)生に　なる。

(5) だい□(めい)を　つける。

2 つぎの　かずを　かん字で　かきましょう。　一つ10〔50てん〕

(1) さかなが　□(なな)ひき。

(2) くつが　□(よん)そく。

(3) かみが　□(じゅう)まい。

(4) □(いっ)ぽんの　えだ。

(5) □(はち)この　かき。

こたえは71ページ

きほん 25

きょうかしょ㊦88〜93ページ

月　日

／100てん

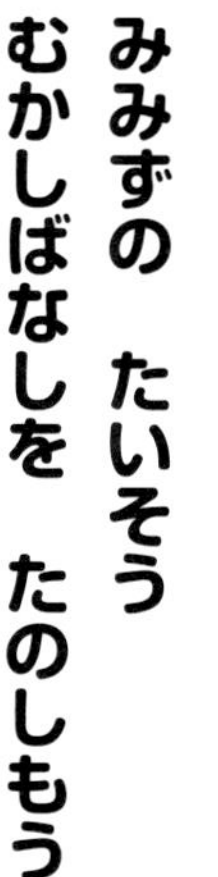

みみずの　たいそう
むかしばなしを　たのしもう

1 ──の　かん字の　よみがなを　かきましょう。〔10てん〕

(1) 赤ちゃんが　生まれる。（　　）

2 えと　あう　ことばを　──で　むすびましょう。一つ18〔36てん〕

(1)　・　　・おしえて　もらう。

(2)　・　　・おしえて　あげる。

3 ただしい　ほうに　○を　つけましょう。一つ10〔30てん〕

(1) ア（　）ちきゅう
　　イ（　）ちきゆう

(2) ア（　）いつぱい
　　イ（　）いっぱい

(3) ア（　）はじける
　　イ（　）はぢける

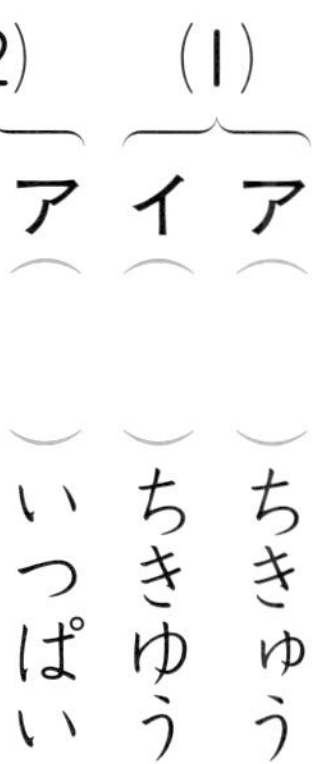

4 つぎの　ことばの　いみを　下から　えらんで　──で　むすびましょう。一つ12〔24てん〕

(1) もつれる・　　・ア　やる気に　なる。

(2) はりきる・　　・イ　からまる。

こたえは71ページ

きょうかしょ㊦88〜93ページ

みみずの　たいそう
むかしばなしを　たのしもう

月　　日

／100てん

1 □に　あてはまる　かん字を　かきましょう。〔10てん〕

(1) こねこが 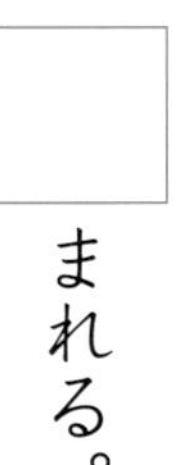（う）まれる。

2 つぎの　ことばと　えが　あう　ほうに、○を　つけましょう。一つ18〔36てん〕

(1) たいそう

ア（　　）　イ（　　）

(2) くうきを　すう。

ア（　　）　イ（　　）

3 上と　下の　ことばが　つながるように　——で　むすびましょう。一つ18〔54てん〕

(1) くさが　ながく　・　　・ア　はねる。

(2) はこの　中から　・　　・イ　とびだす。

(3) うさぎが　たかく　・　　・ウ　のびる。

こたえは71ページ

おはなしを　かこう　かたかなの　かたち　かん字を　つかおう２

月　　日

10ぷん　／100てん

1 ――の　かん字の　よみがなを　かきましょう。　一つ9〔18てん〕

(1) スポーツの　大かい。（　　）　(2) 小さな　村。（　　）

2 □に　あてはまる　かん字を　かきましょう。　一つ11〔33てん〕

(1) 口の　□（なか）。　(2) □（あお）い　目。

(3) □（みみ）の　下。

3 まちがって　いる　字を　○で　かこんで、□に　ただしい　字を　かきましょう。　一つ7〔49てん〕

(1) ソーセージ　□　(2) ネワタイ　□

(3) トアト　□　(4) ツャワー　□

(5) ドヲイブ　□　(6) キャベシ　□

(7) ユップ　□

こたえは71ページ

かくにん 26

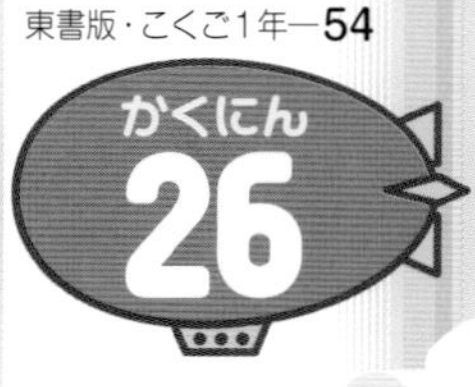

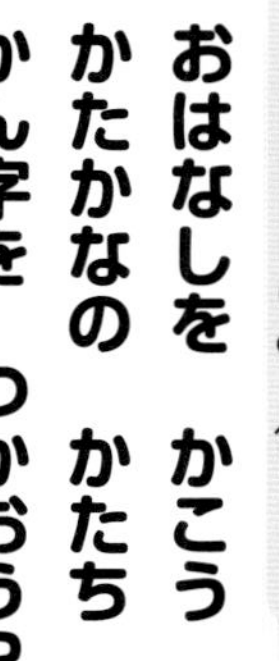

おはなしを かこう かたかなの かたち かん字を つかおう2

きょうかしょ㊦94〜102ページ

月　日

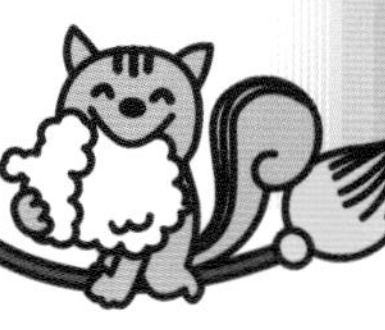

／100てん　10ぷん

1 □に あてはまる かん字を かきましょう。　一つ9〔18てん〕

(1) すもうの □(たい)かい。　(2) □(むら)の 人。

2 □に かずを あらわす かん字を かきましょう。　一つ7〔28てん〕

(1) あめが □(いっ)つ。　(2) □(むっ)つに わける。

(3) つくえが □(きゅう)だい。　(4) □(とお) かぞえる。

3 □に なかまの かん字を かきましょう。　一つ6〔54てん〕

(1) □(うえ)・□(なか)・□(した)

(2) □(め)・□(みみ)・□(くち)

(3) □(あか)・□(しろ)・□(あお)

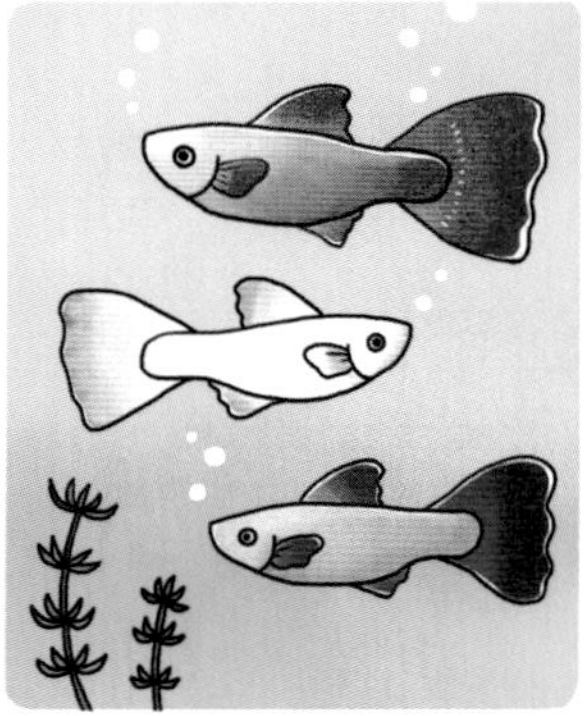

こたえは71ページ

きほん 27

子どもを　まもる　どうぶつたち
ことばを　あつめよう

きょうかしょ㊦103～115ページ

月　　日

10ぷん　／100てん

1 ――の　かん字の　よみがなを　かきましょう。　一つ20〔40てん〕

(1) （　　）早足で　あるく。

(2) （　　）子そんを　のこす。

2 つぎの　ことばの　いみを　下から　えらんで　――で　むすびましょう。　一つ10〔40てん〕

(1) きけん　・　　・ア　うでで　もつ。

(2) 目立つ　・　　・イ　とくに　目に　つく。

(3) そらす　・　　・ウ　あぶない　こと。

(4) かかえる・　　・エ　ほかに　むける。

3 つぎの　（　）に　あてはまる　ひらがなを、［　］から　えらんで　かきましょう。　一つ10〔20てん〕

　ねこの　口は　アリクイとは　ちがう（　　　）、口に　くわえて　子どもを　はこぶ　ことが　できます。（　　　）、てきから　すばやく　にげることが　できます。

［そのため　ので　しかし］

かくにん 27

きょうかしょ㊦103〜115ページ

月　日

子どもを　まもる　どうぶつたち
ことばを　あつめよう

／100てん

1 □に　あてはまる　かん字を　かきましょう。　一つ15〔45てん〕

(1) □(はや)く　おきる。

(2) □(あし)あとを　つける。

(3) □(し)ぜんを　まもる。

2 つぎの（　）に　あてはまる　ことばを　□から　えらんで　かきましょう。　一つ15〔45てん〕

(1) （　　　）ちえを　つかう。

(2) はねを（　　　）はばたかせる。

(3) けがを　して（　　　）あるく。

バサバサと　さまざまな　よろよろと

3 □の　ことばを　ならべかえて、ただしい　文を　つくりましょう。　〔10てん〕

たべる。　ぱくぱく　あまい　ケーキを

こたえは71ページ

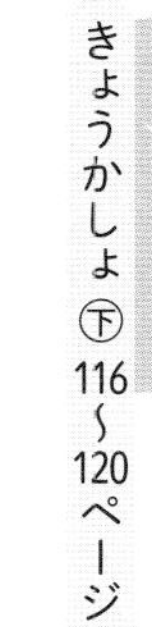

小学校の　ことを　しょうかいしよう
かん字を　つかおう3

月　　日

10ぷん

／100てん

1 ――の　かん字の　よみがなを　かきましょう。　一つ8〔72てん〕

(1) 小学校の　こと。（　　）

(2) 入学する。（　　）

(3) きょうは　えん足だ。（　　）

(4) はく手を　する。（　　）

(5) 右がわを　あるく。（　　）

(6) 左を　むく。（　　）

(7) 田んぼが　ひろがる。（　　）

(8) 千円さつ。（　　）

(9) 百にん　そろう。（　　）

2 つぎの　かん字で、いちばん　はじめに　かく　ところを　ふとく　なぞりましょう。　一つ7〔14てん〕

(1) 右

(2) 左

3 （　）に　あてはまる　ことばを　かきましょう。　一つ7〔14てん〕

(1) はる――（　　）――あき――ふゆ

(2) おはよう――（　　）――こんばんは

こたえは72ページ

かくにん 28

小学校の ことを しょうかいしよう かん字を つかおう3

きょうかしょ㊦116〜120ページ

月　日

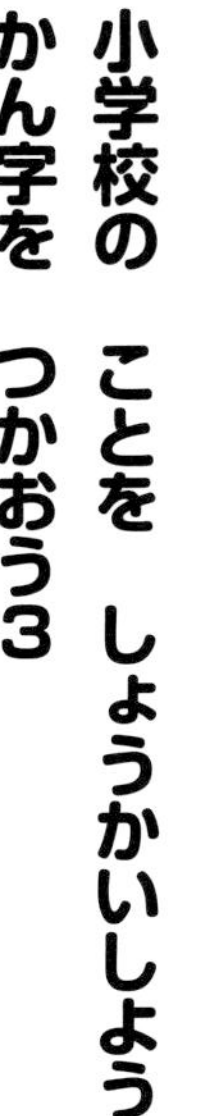

10ぷん　／100てん

1 □に あてはまる かん字を かきましょう。 一つ6〔48てん〕

(1) □□□（しょうがくせい）。

(2) えん□（そく）に いく。

(3) □（みぎ）を 見る。

(4) 川の □（ひだり）がわ。

(5) □（た）うえを する。

(6) □（せん）さつの 本。

(7) かみが □（ひゃく）まい。

(8) □□（じゅうえん）だま。

2 □に はんたいの いみの かん字を かきましょう。 一つ7〔42てん〕

(1) □（うえ）—□（した）

(2) □（おんな）—□（おとこ）

(3) □（みぎ）—□（ひだり）

3 つぎの ——の かずを かん字で かきましょう。 一つ5〔10てん〕

(1) ノートが はっさつ ある。（　　）

(2) ひゃく年まえの できごと。（　　）

こたえは72ページ

きほん 29

スイミー

きょうかしょ㊦121～137ページ

月　日

10ぷん

／100てん

1 ——の　かん字の　よみがなを　かきましょう。一つ8〔48てん〕

(1) からす貝。（　　）

(2) 一口で　たべる。（　　）

(3) 水中を　のぞく。（　　）

(4) 糸で　ひっぱる。（　　）

(5) いわから　生える。（　　）

(6) 林を　あるく。（　　）

2 ——の　かん字の　二つの　よみかたを　かきましょう。一つ8〔16てん〕

(1) 一年生。（　　）

(2) 生まれる。（　　）

3 上と　下の　ことばが　つながるように　——で　むすびましょう。一つ9〔36てん〕

(1) 大きな　こえで　・　　・ア　見つける。

(2) おもしろい　ものを・　　・イ　ゆれる。

(3) はっぱが　かぜで　・　　・ウ　生える。

(4) いわから　くさが　・　　・エ　さけぶ。

こたえは72ページ

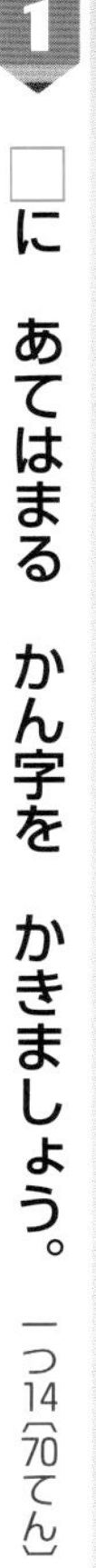

かくにん 29

スイミー

きょうかしょ㊦121〜137ページ

月　日

10ぷん

／100てん

1 □に　あてはまる　かん字を　かきましょう。　一つ14〔70てん〕

(1) 白い　□（かい）がら。

(2) □（ひと）いきで　はなす。

(3) □□（すいちゅう）メガネ。

(4) □（いと）を　むすぶ。

(5) □（はやし）に　いく。

2 （　）に　あてはまる　ことばを、□から　えらんで　かきましょう。　一つ10〔30てん〕

(1) さかな（　　　）すいすい　およぐ。

(2) りんご（　　　）ゆう日が　しずむ。

(3) れんしゅうして、およげる（　　　）なった。

ように　のような　みたいに

こたえは72ページ

きょうかしょ㊦138〜143ページ

月　日

かたちの　にて　いる　かん字
一年かんの　おもいでブック

／100てん

1 ——の　かん字の　よみがなを　かきましょう。　一つ10〔70てん〕

(1) 三人で　あそぶ。（　　）

(2) 石を　ひろう。（　　）

(3) 玉のりを　する。（　　）

(4) 王さまの　くに。（　　）

(5) 正しい　こたえ。（　　）

(6) 雨が　ふる。（　　）

(7) 草を　つかむ。（　　）

2 □に　あてはまる　かん字を、┆┆から　えらんで　かきましょう。　一つ5〔30てん〕

(1) □（き）を　四□（ほん）　うえる。　┆本　木┆

(2) □（かい）がらを　□（み）つける。　┆見　貝┆

(3) □（ひと）が　みせに　□（はい）る。　┆人　入┆

こたえは72ページ

かくにん 30

かたちの にて いる かん字 一年かんの おもいでブック

きょうかしょ㊦138～143ページ

月　日

／100てん　10ぷん

1 □に あてはまる かん字を かきましょう。一つ8〔40てん〕

(1) まるい □（いし）。

(2) □（おう）さま。

(3) □（ただ）しい 字。

(4) □（あめ）が やむ。

(5) □（くさ）が 生える。

2 まちがって いる ところが 三つずつ あります。◯で かこんで、（　）に ただしく かきましょう。一つ10〔60てん〕

〈れい〉 ㊁山に ◯小いさな ㊁本が ある。
（山）（小さな）（木）

(1) この まえの、お休すみの 金よう火に、かぞくで 赤かい やねの おんせんに いきました。
（　）（　）（　）

(2) 大い おんせんに 人ると、手や 足が とても あたたまりました。
（　）（　）（　）

こたえは72ページ

かん字を　つかおう4

がつ　にち

10ぷん　／100てん

1 ——の　かん字の　よみがなを　かきましょう。　一つ9〔54てん〕

(1) 森の　どうぶつ。（　）

(2) 天気よほう。（　）

(3) 竹うまに　のる。（　）

(4) 虫とりに　いく。（　）

(5) きれいな　夕やけ。（　）

(6) 空が　赤く　なる。（　）（　）

2 ——の　かん字の　二つの　よみかたを　かきましょう。　一つ8〔32てん〕

(1) ㋐ お金を　はらう。（　）
　 ㋑ 金ようび。（　）

(2) ㋐ たのしい　えん足。（　）
　 ㋑ 手足を　あらう。（　）

3 つぎの　かん字で、いちばん　はじめに　かく　ところを　ふとく　なぞりましょう。　一つ7〔14てん〕

(1) 虫

(2) 天

こたえは72ページ

かくにん 31

きょうかしょ㊦144ページ

がつ　にち

かん字を　つかおう4

10ぷん

／100てん

1 □に　あてはまる　かん字を　かきましょう。　一つ10〔60てん〕

(1) □（もり）の　中。

(2) □□（てんき）が　よい。

(3) □（たけ）とんぼ。

(4) □（むし）が　とぶ。

(5) □（ゆう）がたに　なる。

(6) きれいな　□（そら）。

2 （　）に　あてはまる　ことばを　かん字と　ひらがなで　かきましょう。　一つ10〔40てん〕

(1) 木の　下で　（やすむ）。

(2) （あかい）　りんごを　たべる。

(3) （おおきい）　なべを　はこぶ。

(4) きのこを　（いれる）。

こたえは72ページ

1　3・4ページ

1 （省略）

てびき　自分の名前を正しく書けているかを確認します。

2 （省略）

てびき　「ぼく」「わたし」のどちらかに○をつけ、自分の名前を正しく書けているかを確認します。

★★★

（省略）

てびき　4ページは運筆の練習です。うすい線をなぞり、上下・左右・直線・曲線が、よどみなく書けるようにしましょう。鉛筆の持ち方にも注意します。

2　5・6ページ

1 (1)おはよう　(2)いただきます
(3)ごめんなさい　(4)ありがとう
(5)さようなら

★★★

1 （省略）

てびき　正しい書き順で書けているかを確認します。

2 （省略）

3　7・8ページ

1 (1)あひる（右から二つ目）
(2)いけ（左はし）
(3)うちわ（左から二つ目）
(4)えほん（右はし）
(5)おばけ（真ん中）

★★★

1 （省略）

2 (1)う　(2)お　(3)あ　(4)え

4　9・10ページ

1 (1)はね　(2)ばね　(3)ぶた
(4)ふた

2 （省略）

★★★

1 ⓘ

2 （省略）

3 (1)ひ　(2)ぴ　(3)び

5　11・12ページ

1 （省略）

2 (1)はねる。 (2)とぶ。 (3)さく。

★★★

1 (1)ぶた・あ（る）く (2)ねこ・なく (3)こい・およぐ

2 てんとうむし

6　13・14ページ

1 (1)（わに）　(2)さん（ご）

2 (1)は　(2)は　(3)わ　(4)は

★★★

1 (1)ゆ（き）・し（ろ）い (2)あり (3)はね

2 (1)わ・は (2)は・わ (3)は・わ

7　15・16ページ

1 (1)（ほ）し (2)（を）・（みる） (3)（やま）

2 (1)え・へ (2)お・を (3)え・へ

★★★

1 (1)は・を (2)は・を

2 (1)え・へ (2)へ・へ (3)お・を (4)お・を

8　17・18ページ

1 (1)き（っ）て (2)ねっこ

てびき 促音「っ」は、マス目の右上部分に書きます。

2 （省略）

★★★

1 (1)ⓐ　(2)ⓘ　(3)ⓐ

2 (1)きも（の） (2)すず（め）

9　19・20ページ

1 (1)（ら）くだ
(2)は（ち）
(3)た（ぬ）き
(4)ら（い）お（ん）

2 (1)ぼうし　(2)おおかみ
(3)とけい　(4)おねえさん

★★★

1 (1)ち　(2)ほ
(3)め　(4)ぬ

2 (1)（おか）あさ（ん）
(2)（おに）いさ（ん）
(3)（おじ）いさ（ん）
(4)（おね）えさ（ん）
(5)（おと）うさ（ん）

10　21・22ページ

1 (1)せな（か）
(2)（し）っぽ

2 (1)いしや　(2)いしゃ
(3)びよういん　(4)びょういん
(5)にんぎょ　(6)にんぎょう

★★★

1 (1)（き）ゅうり
(2)（し）ょっき
(3)（お）もちゃ

てびき 拗音（ようおん）や促音（そくおん）「ゅ・ょ・っ・ゃ」がマス目の右上部分に書けているかを確認します。

2 (1)どうぷつ→ぶ
(2)さかだちお→を
(3)こおら→う
(4)ひゃつぴき→っ

11　23・24ページ

1 (1)ねずみ　(2)ねこ　(3)いぬ
(4)おばあさん　(5)おじいさん

2 (1)まきました。
(2)ぬきました。
(3)よびました。

★★★

1 (1)ひつぱる
(2)「うんとこしよ、どつこいしよ。」

2 (1)まだ　(2)やっと

3 （順に）、・。・、・。

12 25・26ページ

1 ㋒

2 (1)ぴょんぴょん (2)ばりばり (3)つるつる (4)ひらひら

★★★

1 (1)（クレヨン） (2)（ボール） (3)（ゴーヤ）

2 (1)ともだちとあそんでたのしかった。 (2)きゅうしょくは、とてもおいしかった。

13 27・28ページ

1 (1)ひと (2)ふた (3)みっ (4)よっ (5)いつ (6)むっ (7)なな (8)やっ (9)ここの (10)とお

2 （順に）いきました・つかまえました・みたいです

★★★

1 (1)六 (2)五 (3)十 (4)四 (5)九 (6)七

2 (1)㋑ (2)㋑

3 (1)ふんばる。 (2)あるく。

14 29・30ページ

1 (1)やま (2)き (3)かわ (4)め (5)つき (6)うえ (7)した

2 (1)山 (2)川 (3)目

★★★

1 (1)山 (2)木 (3)川 (4)目 (5)月

2 (1)上 (2)下

3 (1)ひろう。 (2)かえる。 (3)あてる。

15 31・32ページ

1 (1)なか (2)おお (3)はい (4)い

2 (1)（スト）ン (2)（サラダ） (3)ト（マ）ト (4)（キ）ャ（ベツ）

★★★

1 (1)中 (2)大 (3)入 (4)入

2 (1)シャキシャキ (2)ゴーゴー (3)くりん

3 ㋑

16 33・34ページ

1 (1)いぬ　(2)おお　(3)ちい
(4)しろ　(5)だ　(6)ちから　(7)で

2 (1)まぜる　(2)のせる
(3)かける

☆☆☆

1 (1)犬　(2)小　(3)白　(4)力

2 (1)大きい　(2)出る

3 (1)（ハム）　(2)ス（プ）ーン
(3)（ノ）ート

17 35・36ページ

1 (1)（バ）ケツ　(2)クッキー
(3)セーター　(4)チョコレート

2 (1)あ　(2)い　(3)い　(4)あ

☆☆☆

1 (1)（エ）プ（ロ）ン
(2)ジュース
(3)ケチャップ
(4)キャラ（メル）

2 (1)テント・チョコレート
(2)キャンプ・カヌー
(3)トマト・セーター

18 37・38ページ

1 (1)み　(2)み
(3)せんせい　(4)き

2 (1)び　(2)にち　(3)げつ　(4)び
(5)か　(6)みず　(7)すい　(8)もく
(9)かね　(10)きん　(11)つち　(12)ど

☆☆☆

1 (1)見　(2)先生　(3)気

2 (1)日　(2)火　(3)水　(4)木
(5)金　(6)土

3 （○）なにを　して　いますか。

19 39・40ページ

1 (1)みっか　(2)いつか
(3)むいか　(4)なのか
(5)ようか　(6)ここのか
(7)がつ

2 (1)ついたち　(2)ふつか
(3)はつか

3 (1)あにち　いび
(2)あげつ　いつき

☆☆☆

1 (1)三日　(2)九日　(3)月

2 (1)（順に）一・十日・木・日
(2)（順に）七・四日・金・日

20 41・42ページ

1 (1)はな (2)い (3)い (4)ぶん (5)おと (6)まち (7)じ

2 (順に)は・で・を

★★★

1 (1)花 (2)生 (3)文 (4)音 (5)町 (6)字

2 (順に)(1)え・へ (2)お・を

3 (1)㋑ (2)㋐

21 43・44ページ

1 (1)ひと (2)やす (3)しゃ (4)くるま (5)ほん

2 (1)び (2)か

3 (1)(ホ)ース (2)(フ)ェリー

★★★

1 (1)人 (2)休 (3)車 (4)本

2 (1)くだもの (2)のりもの (3)がっき (4)どうぶつ (5)やさい (6)きょうか

22 45・46ページ

1 (1)がっこう (2)おん

2 (1)㋐ (2)㋑ (3)㋑

3 ㋐㋑㋕

★★★

1 (1)学校 (2)音

2 (1)きゅうり (2)ばった

3 「がんばろう」。

てびき 「 は マス目の右下に、」はマス目の左上に書けているかを確認します。(。)と(」)は同じマス目で、(。)は右上に書きます。

23 47・48ページ

1 (1)て (2)あか (3)あお (4)な (5)た (6)あ (7)くち (8)みみ (9)こ (10)じん

2 (1)にち (2)ひ

★★★

1 (1)手 (2)赤・青 (3)名 (4)立 (5)口 (6)耳

2 (1)イ (2)ウ (3)ア

3 (1)大よろこび (2)しんぱい

24　49・50ページ

1 (1)おんな　(2)こ　(3)おとこ
(4)いちねん　(5)めい

2 (1)女　(2)年
(3)中　(4)水

3 (1)3　(2)7

★★★

1 (1)女　(2)子　(3)男　(4)年
(5)名

2 (1)七　(2)四　(3)十
(4)一　(5)八

25　51・52ページ

1 (1)う

2 (1)おしえて　あげる。
(2)おしえて　もらう。

3 (1)ア　(2)イ　(3)ア

4 (1)イ　(2)ア

★★★

1 (1)生

2 (1)イ　(2)ア

3 (1)ウ　(2)イ　(3)ア

26　53・54ページ

1 (1)たい　(2)むら

2 (1)中　(2)青　(3)耳

3 (1)(ン)ーセージ→ソ
(2)ネ(ワ)タイ→ク
(3)ト(ア)ト→マ
(4)(ツ)ャワー→シ
(5)ド(ヲ)イブ→ラ
(6)キャベ(シ)→ツ
(7)(ユ)ップ→コ

★★★

1 (1)大　(2)村

2 (1)五　(2)六　(3)九　(4)十

3 (1)上・中・下
(2)目・耳・口
(3)赤・白・青

27　55・56ページ

1 (1)はやあし　(2)し

2 (1)ウ　(2)イ　(3)エ　(4)ア

3 （順に）ので・そのため

★★★

1 (1)早　(2)足　(3)子

2 (1)さまざまな　(2)バサバサと
(3)よろよろと

3 あまいケーキをぱくぱくたべる。
（ぱくぱくあまいケーキをたべる。）

28 57・58ページ

1 (1)しょうがっこう (2)にゅう (3)そく (4)しゅ (5)みぎ (6)ひだり (7)た (8)せんえん (9)ひゃく

2 (1)右 (2)左

3 (1)なつ (2)こんにちは

★★★

1 (1)小学生 (2)足 (3)右 (4)左 (5)田 (6)千 (7)百 (8)十円

2 (順に) (1)上・下 (2)女・男 (3)右・左

3 (1)八 (2)百

29 59・60ページ

1 (1)がい (2)ひとくち (3)すいちゅう (4)いと (5)は (6)はやし

2 (1)せい (2)う

3 (1)エ (2)ア (3)イ (4)ウ

★★★

1 (1)貝 (2)一 (3)水中 (4)糸 (5)林

2 (1)みたいに (2)のような (3)ように

30 61・62ページ

1 (1)さんにん (2)いし (3)たま (4)おう (5)ただ (6)あめ (7)くさ

2 (1)木・本 (2)貝・見 (3)人・入

★★★

1 (1)石 (2)王 (3)正 (4)雨 (5)草

2 (1)休すみ→休み・火→日 ・赤かい→赤い (2)大い→大きい・人→入・足→足

てびき (1)「お休み」「金よう日」などの解答でも、間違いを正しく直してあれば正解です。

31 63・64ページ

1 (1)もり (2)てんき (3)たけ (4)むし (5)ゆう (6)そら

2 (1)ⓐあかね ⓘいきん (2)ⓐそく ⓘあし

3 (1)虫 (2)天

★★★

1 (1)森 (2)天気 (3)竹 (4)虫 (5)夕 (6)空

2 (1)休む (2)赤い (3)大きい (4)入れる

3 2 1 0 9 8 7 6 5 4 ＊＊ D C B A